本书系湖南省社会科学基金项目
"违实条件句：哲学阐述及语义解读"(编号：14YBA083)
最终成果

School of Foreign Languages
Hunan University

刘正光 主编

湖南大学外国语学院
新人文话语丛书

违实条件句
哲学阐释及语义解读

余小强 著

中国社会科学出版社

图书在版编目（CIP）数据

违实条件句：哲学阐释及语义解读 / 余小强著 . —北京：中国社会
科学出版社，2017. 12

（湖南大学外国语学院·新人文话语丛书）

ISBN 978 - 7 - 5203 - 0822 - 9

Ⅰ . ①违…　Ⅱ . ①余…　Ⅲ . ①英语 - 句法 - 研究　Ⅳ . ①H314. 3

中国版本图书馆 CIP 数据核字（2017）第 195876 号

出　版　人	赵剑英	
责任编辑	曲弘梅	
责任校对	沈丁晨	
责任印制	戴　宽	

出　　版	中国社会科学出版社	
社　　址	北京鼓楼西大街甲 158 号	
邮　　编	100720	
网　　址	http：//www. csspw. cn	
发 行 部	010 - 84083685	
门 市 部	010 - 84029450	
经　　销	新华书店及其他书店	

印刷装订	北京君升印刷有限公司	
版　　次	2017 年 12 月第 1 版	
印　　次	2017 年 12 月第 1 次印刷	

开　　本	710 × 1000　1/16	
印　　张	13	
插　　页	2	
字　　数	189 千字	
定　　价	59.00 元	

凡购买中国社会科学出版社图书，如有质量问题请与本社营销中心联系调换
电话：010 - 84083683

丛书总序

"新人文话语"是湖南大学外国语言文学学科推出的系列开放性丛书。本丛书2007年推出第一批，由湖南人民出版社出版，共五部，即《隐喻的认知研究：理论与实践》（刘正光著）、《二语习得与外语教学》（肖云南著）、《翻译：跨文化解释》（朱健平著）、《华莱士·史蒂文斯诗学研究》（黄晓燕著）、《亨利·詹姆斯小说理论与实践研究》（王敏琴著）。推出这个丛书的最初想法是，鼓励老师们潜心学术研究，助力学院学科发展。

转眼到了2017年，过去的十年见证了本学科的快速发展。2007年的时候，本学科的教授不到十名，具有博士学位的教师也不多。十年后的今天，本学科在2012年国务院学科评估排名中并列第十七位，2017年在"软科中国最好学科"排名中位列第十二，排在前10%的第一位。

湖南大学外国语学院有着悠久的办学历史，其最早可追溯到岳麓书院创建的译学会（1897）。1912年至1917年，岳麓书院演进到时务学堂以及湖南高等师范学校后，正式设立英语预科和本科部。1926年创建湖南大学外国语言文学系，2000年组建外国语学院。陈逵、黎锦熙、杨树达、金克木、林汝昌、周炎辉、徐烈炯、宁春岩等许多知名学者先后执教于此。

经过几代人的不懈努力，本学科凝练成了理论语言学、应用语言学、文学与文化、翻译学四个稳定且颇具特色的研究方向。

理论语言学以当代认知科学理论为背景，以语言与认知的关系研究为重点，以认知与语言交叉研究为基本范式，寻找认知发展、语言认知机制与语言本体之间的内在联系。

应用语言学以语言测试、二语习得与外语教学为研究重点，强调研究成果在学生能力培养中的实际应用。

文学与文化以小说与诗歌创作理论和生态诗学为重点，紧跟全球化语境下文学理论与文化批评理论的研究前沿，探索文学、文化、政治、历史话语之间的互动关系。

翻译学以哲学、文学理论、文化理论、认知科学、语言学等为理论基础，探索本土文化对异域文化的接受历程和中国文化在西方世界的旅行轨迹，阐释翻译与认知的内在关系以及翻译理论、翻译实践与翻译教学的互动关系。

学科进步的重要标志是人才培养质量和高水平的科学研究。本学科聚集了一大批学术能力很强、潜心研究的中青年学者。"70后"贺川生教授在 *Synthese*（当年哲学类排名第一）、*Syntax*、*Lingua* 等一批国际一流期刊上发表的系列论文引起了国内外学术界的高度关注；"80后"王莹莹教授在 *Language* 和 *Journal of Semantics* 等重要期刊上发表了一系列语义学论文；全国"百优"田臻（"80后"）在英汉语构式对比研究方面取得了令人瞩目的研究成果。

近年来，本学科中青年学者学术研究成果丰富，为此，学院决定继续定期推出第二批和第三批研究成果，做到成熟一批，推出一批。

第二批推出六部著作，分别是《汉语儿童早期范畴分类能力的发展研究》（曾涛著）、《违实条件句：哲学阐释及语义解读》（余小强著）、《认知视阈下日语复句的习得研究》（苏鹰著）、《京都学派——青木正儿的中国文学研究》（曹莉著）、《〈楚辞〉英译研究——基于文化人类学整体论的视角》（张娴著）、《语言边界》（艾朝阳著）。这些著作中，除第六部外，其余的作者均为"70后"，体现出学科持续发展的坚实基础和潜力。

第三批著作也在酝酿之中。作者的主要群体也许将是"80后"了，他们承载着本学科的未来和希望。相信也还会有第四批、第五批……

　　湖南大学外国语言文学学科的快速、健康发展，得到了各兄弟院校和各界朋友的大力支持。为此，我们衷心感谢，同时也恳请继续呵护我们成长。

　　是为序。

刘正光

于湖南大学外国语学院双梧斋

2017 年 12 月 12 日

目　　录

绪　　论

自 20 世纪中期以来，违实条件句一直是哲学界、逻辑学界和语言学界热议的共同话题。哲学界从世界本源的角度分析违实条件句（Goodman，1947；Anderson，1951；Stalnaker，1968，1984；Lewis，1973，1986；Bennett，1984，1995，2003；Gunderson，2004；Edgington，1995，2008；Huber，2014），逻辑学界则希望用条件句逻辑推导出违实条件句的违实理据（Kripke，1959，1963；Hintikka，1962；Adams，1970；Chellas，1975；Hawthorne，1996；Gilio，2002；Van Benthem，2010；Baratgin & Politzer，2013；Unterhuber & Schurz，2014；王莹莹，2009）。语言学界的学者们借鉴前者丰硕的研究成果，从句法和语义的角度出发，对违实条件句开展了持久深入的讨论（Abusch，1997；Heim，1997；Heim & Kratzer，1998；Haegeman，2003；Ippolito，2000，2003，2006；Arregui，2007，2009；Moss，2012；Schulz，2014）。本章将对违实条件句以往的研究做出述评，并指出本课题的研究意义和研究思路，最后说明本书的结构安排。

一　国内外研究现状

具有语言学意义的违实概念最早由 Goodman（1947）提出，主要用来说明句子的句法语义表征与现实的矛盾性。自该概念提出以来，哲学界、语义学界及逻辑学家们莫不热衷于此，形式语言学与认知语言学都有大量文献涉及违实条件句的研究。

形式派学者，如 Kratzer（1981，1989），Iatridou（2000），Ippolito

（2002，2003），蒋严（1998）等对违实条件句均有深刻见解。总体而言，形式派对违实条件句的研究具有如下特点：（1）强调现实世界在违实条件句形成过程中的主导作用；（2）强调句法在句法、语义、现实世界这三者中的基础地位；（3）重新审视了违实条件句的本质，进一步讨论了句法—语义与现实间"名实相悖"的现象；（4）运用相关原理解决了条件句中的一些具体问题。

认知语义学对条件句的研究也涉及了违实条件句类型（Byrne & Egan，2004；Perner & Sprung，2004；Declerk & Susan，2006）。认知语言学架构下的条件句研究主要采用 Fauconnier 的"空间合成"理论，违实条件句被作为一个认知过程来处理。"空间合成"理论中的"空间"与可能世界语义学中的可能世界在概念上部分重叠（杨小波，2007）。

尽管以上述理论为传统的条件句研究提供了新的思路，然而，由于研究的重点和目的不同，其自身也相应地存在某些不足。其中共同的不足最主要表现在以下两个方面：第一，在事实描写与认识深度上存在局限性。造成这种局限性的原因在于模型中缺少时制因素。由于没有时制的参与，在事实描写方面，尚有一部分语料无法纳入其中。第二，在认知深度方面，由于部分语料的遗漏，造成反例较多，无法达到对违实条件句全面、深刻的理解。

针对现有研究存在的问题，我们拟采用以下方法对违实条件句的性质及其特征进行重新审视，其中主要包括：（1）将可能世界理论作为人类认识与语言创新的认知工具，探索违实条件句形成的基础及运作机制；（2）将时制逻辑与可能世界理论结合，更为深刻地对语言事实做出精细的描写与解释；（3）将反例在理论建设中的意义有效地纳入到理论模型中，以实现理论解释的充分性。

二 选题意义与研究价值

目前学界对违实条件句的研究还远远没能达成共识。机械地采用占学界主流的 Lewis - Stalnaker 模型来研究违实条件句，将不可避免地造成部分违实条件句的语言事实无法解释，从而削弱理论解释的概括力。本研究拟将"时制与体"引入理论模型，使"时制与体"和可能世界理论相结合，多维度地对违实条件句进行研究讨论。

将"时制与体"和可能世界理论相结合具有以下理论优势。第一，增强理论解释的概括力。"时制与体"和可能世界理论相结合的理论模型，不但能够解释认知语义学所能够解释的语言事实，同时也能够解释其无法解释的语言事实，因而能够对更多的、相关的语言事实做出概括与解释。第二，拓宽理论解释的视野。"时制与体"和可能世界理论相结合的理论模型从语义、句法相结合的途径多维度地考察语言事实，能够对过去大量视为特例的语言事实提供新的理论解释视角，使它们获得理论上的统一解释，体现出更强的解释力。第三，避免早期倾向性语词理论的困窘。倾向性语词（dispositional terms）的定义，如"可延展的""易碎的""可溶的"等，一直是困扰哲学界的难题。通过违实条件句对该类词语加以定义能够为解决该难题提供一个新的视角。第四，正确说明前件与后件所表述的事件之间的、本位性的因果关系。即如何区分真正的原因（cause）与结果（effect）、真正的原因与附象（epiphenomena）、真正的原因与"被先占了的潜在原因"（preempted potential cause）等。第五，合理解决肯证悖论。如果采用"时制与体"和可能世界理论相结合的理论模型，Hemple 的肯证悖论（confirmation paradox）也就迎刃而解了。如果我们将"所有的 F 都是 G"这种通则性的因果命题理解为"（x）（Fx ＞ Gx）"，那么，由于在违实条件句的逻辑当中，质位互换律并不成立，因而，"所有的 F 都是 G"这种通则性因果命题，在逻辑上并不等值于"所有不是 G 的东西都不是 F"。

三　研究的主要内容

由于本研究具备良好的前期研究基础，已经完成理论构建部分的研究。因此，本课题主要是对违实条件句的深入研究，进一步完善"时体"与可能世界相结合的理论模型并使之更加系统化。研究主要有四个方面的内容：第一，将来时间焦点违实条件句的动因与机制；第二，现在时间焦点违实条件句的动因和机制；第三，过去时间焦点违实条件句的动因和机制；第四，违实条件句形成的内在与外在动因。

研究的重点与难点在于界定违实条件句在句法层次与语义层次的不同含义与特征，揭示违实条件句形成的动因与机制。

四　主要观点和创新之处

本研究的主要观点为：（1）传统逻辑当中的实质蕴涵（material implication）无法解释违实条件句，只有借助"时体"与可能世界理论相结合的理论模型，才能够对违实条件句做出合理解释；（2）违实条件句中的时制和体态是违实条件句用以表达违实义的手段，若没有这些适当的手段，违实义就无法准确地表达出来。

本研究的创新之处主要表现在以下三个方面。

第一，由于违实条件句是一个复杂的课题，各学派、各学科都无法从自身出发进行单独研究而得到满意的解答。因此，本研究既不囿于形式派或功能派，也不仅限于在语言学这一门学科内研究。理论互补，学科交叉是本课题的主要特点，也是最大的创新之处。

第二，将"时体"与可能世界理论相结合的理论模型能够解释目前违实条件句各理论所无法解释的因果关系问题。首先，使用违实条件句来说明因果关系，可进一步说明为何因果关系会有所谓的不对称性：原因不可能比结果晚。其次，该理论模型也可进一步说明，为什么过去与未来也有所谓的开放不对称性：过去似乎是固定的，但未来的可能性却是开放的。这是因为违实条件句本身就有不对称性：未来是违实地依赖现在，但过去却是违实地独立于现在。

第三，"时体"与可能世界理论相结合的理论模型较目前违实条件句各理论模型的应用范围更广。该模型可以应用在有关小说语句的分析与讨论上。由于小说的世界是一种虚拟的世界，因此我们将"在小说 f 中为真"分析为"在所有最相似于现实世界的 f 世界中皆为真"。而一个 f 世界也就是一个 f 在其中被当作真实故事来述说的世界。对文学批评家来说，该理论模型的运用极具价值。

五　研究的思路与方法

本研究在吸收类型学研究成果的基础上，从哲学和逻辑学相结合的角度，主要着眼于跨语言事实的描写与解释，注重英汉两种语言的比较研究，在此基础上，力图发现认识创新与语言结构创新的基本途径和方法特征。

在充分归纳语言事实的基础上，本研究运用溯因推理的方法，提出理论假设和理论解释。这是因为，违实条件句是语言中的一种"异常现象"，而溯因推理的目标是将所有的"异常现象"正常化。因此，"异常现象"具有了重要的理论意义和价值。它们是建立新理论或者发展原有理论的起点。

六　本书的结构安排

违实条件句研究纷繁复杂，哲学界、逻辑学界和语言学界等各界各派对违实条件句都有所涉猎。我们首先对现有研究的总体脉络做了梳理，随后指出了该研究的理论意义和研究价值。我们从理论解释的概括力、理论解释的视野、倾向词语理论、因果关系四个方面出发，简要阐述了本课题的研究价值。贯穿全书的主线是语言学意义上的"时体"概念与哲学意义上的可能世界概念，除第一章绪论外，将两者有机结合起来的理论模型，在本书的各个章节中都会有或多或少的体现。

除绪论部分外，本书共分九章。绪论部分概述违实条件句研究的兴起和国内外相关的研究现状，并对该课题的选题意义、研究价值、主要观点及全书的结构安排等做了简要介绍。第一章讨论违实条件句的哲学基础、可能世界的哲学意义及其后者在解释违实条件句中所起的作用。前半部分讨论语言哲学界对违实条件句的分析及其处理方法，后半部分论述可能世界在分析违实条件句时所起的重要作用。第二章介绍哲学意义上以及语言学意义上的"过去"概念，并引入

Lewis 可能世界理论中的术语"对应体"，对违实条件句做出语言、哲学上的分析。第三章改进了 Lewis - Stalnaker 的语义分析模型，将"时体"概念与可能世界相结合，分析违实条件句的主要类型——would 条件句的语义。第四章在批驳 Iatridou（2000）和 Ippolito（2002，2003）的基础上，进一步阐述"过去时"在分析违实条件句时的重要作用。本章借用 Lewis 相似性的概念，指出"过去时"和"相似性"是违实条件句语义解读的重要工具。第五章着重介绍"体"在解读违实条件句时所起的作用，强调区分完成体和已然体（完整体）、非完成体和未然体，并论证"体词首"在条件句解读时所起的"情态"作用。第六章前半部分介绍索贝尔语序和索贝尔逆序现象，同时讨论了学界对索贝尔逆序现象的不同解释并指出其不足。后半部分提出了断言普遍性原则，以期在哲学与逻辑学的框架内对索贝尔逆序现象做出优于前人的解释。最后三章是"时体"与可能世界相结合的理论模型应用于实践的案例。其中，第七章考察了一种特殊的违实条件句——回溯型违实条件句。通过考察后指出，"时体"与可能世界相结合的理论模型能够很好地解决前人所难以解决的"回溯违实"现象。第八章对包含将来时间焦点的违实条件句做出了说明，并解释了句子中"违实义"的来源。第九章尝试运用"时体"与可能世界相结合的理论模型解读汉语中的违实条件句，对比了英汉两种语言在违实表达上的异同。

参考文献

［1］Abusch, Dorit. 1997. Sequence of Tense and Temporal de re［J］. *Linguistics and Philosophy* 20，1 – 50.

［2］Adams, Ernest. 1970. Subjunctive and Indicative Conditionals［J］. *Foundations of Language* 6，89 – 94.

［3］Anderson, Alan. 1951. A Note on Subjunctive and Counterfactual Conditionals［J］. *Analysis* 12，35 – 38.

［4］ Arregui, Ana. 2007. When Aspect Matters: The Case of Would – conditionals ［J］. *Natural Language Semantics* 15, 221 – 264.

［5］ Arregui, Ana. 2009. On Similarity in Counterfactuals ［J］. *Linguistics and Philosophy* 32, 245 – 278.

［6］ Baratgin, Dick & Guy Politzer. 2013. Uncertainty and the de Finetti Tables ［J］, *Thinking & Reasoning* 19, 308 – 328.

［7］ Bennett, Jonathan. 1984. Counterfactuals and Temporal Direction ［J］. *The Philosophical Review* 93, 7 – 89.

［8］ Bennett, Jonathan. 1995. Classifying Conditionals: the Traditional Way is Right ［J］. *Mind* 104, 331 – 354.

［9］ Bennett, Jonathan. 2003. *A Philosophical Guide to Conditionals* ［M］. Oxford: Clarendon Press.

［10］ Byrne, Ruth & Suzanne Egan. 2004. Counterfactual and Prefactual Conditionals ［J］. *Canadian Journal of Experimental Psychology* 58, 113 – 120.

［11］ Chellas, Brian. 1975. Basic Conditional Logic ［J］. *Journal of Philosophical Logic* 4, 133 – 153.

［12］ Declerck, Renaat & Reed Susan. 2006. Tense and Time in Counterfactual Conditionals ［J］. *Belgian Journal of Linguistics* 1, 169 – 192.

［13］ Edginton, Dorothy. 1995. On Conditionals ［J］. *Mind* 104, 235 – 329.

［14］ Edgington, Dorothy. 2008. Counterfactuals ［J］. *Proceedings of the Aristotelian Society* 108, 1 – 21.

［15］ Fauconnier, Gilles. 1994. *Mental Spaces* ［M］. New York: Cambridge University Press.

［16］ Gilio, Angelo. 2002. Probabilistic Reasoning under Coherence in System P ［J］. *Annals of Mathematics and Artificial Intelligence* 34, 5 – 34.

[17] Goodman, Nelson. 1947. The Problem of Counterfactual Conditionals [J]. *The Journal of Philosophy* 44, 113 – 138.

[18] Gundersen, Lars. 2004. Outline of a New Semantics for Counterfactuals [J]. *Pacific Philosophical Quarterly* 85, 1 – 20.

[19] Haegeman, Liliane. 2003. New Operators for Theory Change [J]. *Mind and Language* 18, 317 – 339.

[20] Hawthorne, John. 1996. On the Logic of Nonmonotonic Conditionals and Conditional Probabilities [J]. *Journal of Philosophical Logic* 25, 185 – 218.

[21] Heim, Irene. 1997. *Tense in Compositional Semantics* [M]. Cambridge: MIT Press.

[22] Heim, Irene & Angelika. Kratzer. 1998. *Semantics in Generative Grammar* [M]. MA: Blackwell.

[23] Hintikka, Jaakko. 1962. *Knowledge and Belief: An Introduction to the Logic of the Two Notions* [M]. Ithaca: Cornell University Press.

[24] Huber, Franz. 2014. New Foundations for Counterfactuals [J]. *Synthese* 191, 2167 – 2193.

[25] Iatridou, Sabine. 2000. The Grammatical Ingredients of Counterfactuality [J]. *Linguistic Inquiry* 31, 231 – 270.

[26] Ippolito, Michela. 2003. Presuppositions and Implicatures in Counterfactuals [J]. *Natural Language Semantics* 11, 145 – 186.

[27] Ippolito, Michela. 2006. Semantic Composition and Presupposition Projection in Subjunctive Conditionals [J]. *Linguistics and Philosophy* 29, 631 – 672.

[28] Kripke, Saul. 1959. A completeness theorem in modal logic [J]. *Journal of Symbolic Logic* 24, 1 – 14.

[29] Kripke, Saul. 1963. Semantical Considerations on Modal Logic [J]. *Acta Philosophica Fennica* 16, 83 – 94.

[30] Lewis, David. 1973. *Counterfactuals* [M]. Cambridge: Harvard

University Press.

[31] Lewis, David. 1986. *On the Plurality of Worlds* [M]. Oxford: Basil Blackwell.

[32] Moss, Sarah. 2012. On the Pragmatics of Counterfactuals [J]. *Noûs* 46, 561 – 586.

[33] Perner, Joseph & Manuel Sprung. 2004. Counterfactual conditionals and false belief [J]. *Cognitive Development* 19, 179 – 201.

[34] Schulz, Katrin. 2014. Fake Tense in Conditional Sentences: a Modal Approach [J]. *Natural Language Semantics* 22, 117 – 144.

[35] Stalnaker, Robert. 1968. A Theory of Conditionals [A]. In Nicholas Rescher (ed.), *Studies in Logical Theory* 2 [C], 98 – 122. Oxford: Blackwell.

[36] Stalnaker, Robert. 1984. *Inquiry* [M]. Cambridge: MIT Press.

[37] Unterhuber, Matthias & Gerhard Schurz, 2014. Logic and Probability: Reasoning in Uncertain Environments [J]. *Studia Logica* 2, 1 – 8.

[38] Van Benthem, Johan. 2010. *Modal logic for open minds* [M]. Stanford: CSLI Publications.

[39] 蒋严:《汉语条件句的违实解释》,中国语文杂志社 (编),《语法研究和探索》(十),商务印书馆 2000 年版。

[40] 王莹莹:《动态语义下的反事实条件句》,博士学位论文,中山大学,2009 年。

[41] 杨小波:《概念整合理论对汉语违实条件句的认知解读》,博士学位论文,重庆大学,2007 年。

第一章

违实条件句与可能世界

本章讨论违实条件句的真值条件、覆盖原则、可接受条件以及可能世界在违实条件句语义解读中所起的作用。我们首先讨论语言哲学界对违实条件句的分析及其处理方法，然后论述可能世界在分析违实条件句时所起的重要作用。

第一节　虚拟条件句与违实条件句

在去世前，Frank Ramsey（1930）撰写了一篇题名为"General propositions and causality"的论文，该篇论文为自然语言的条件句研究提供了新方法。1946 年，Roderick Chisholm 在他的论文 *The contrary - to - fact conditionals* 中援引了 Ramsey 的一段话：

除非 p⊃q 的实质蕴涵（material implication）为真，条件句 If p, then q 的取值为假。但是，在通常情况下，p⊃q 不仅为真，而且还可以用某种未明确规定的方式推断出来。当 If p, then q 或者 because p, q（当 p 为真时，because 仅仅是 if 的一个变量）值得陈述，或我们已知 p 为假或者 q 为真时，p⊃q 的实质蕴涵仍为真。总的来说，if p, then q 意味着 q 是可以从 p 推断出来的，即从 p 及其语境中的、以某种方式表明但未明确阐述的某些事实或法则推断出来。这表明，p⊃q 的值是经这些事实和法则推导之后才得出的，如果为真也绝非是一个毫无依据的、假设的事实。（Chisholm，1946：291；笔者译）

在本章的讨论中，我们会发现，Ramsey 这个提议虽然简单，却值得商榷。尽管经过了多年探讨，这个研究领域仍未能达成足够的共识。首先，在术语表达上，学界就存在混乱的现象。有些学者，特别是语法界的学者，把 If p，then q 称为虚拟条件句（Quirk，1985；Palmer，1986；Fintel，1998），而有的则将其称之为违实条件句（Stalnaker，1968，1973，1975，1984，1999；Lewis 1973，1979，1986；Kratzer，1991；Fintel，2001）。Ippolito（2013）认为，学界难以达成共识的主要原因是：一方面，许多与事实相反的条件句并不以虚拟语气表达；而另一方面，许多以虚拟语气表达的条件句并非真正地与事实相反。尽管两个术语都不恰当，然而，在本章的讨论中，我们会通用这两个术语。从目前的文献看，人们的态度仍然与以前一样，对两个术语不加区分，等同使用。另外，尽管从语言哲学的角度看，Ramsey（1930）的观点符合人类思维的逻辑推导模式，然而，要让该思路具体化，在解决实际问题时具有普遍意义上的可操作性，仍然是一个艰巨的任务。

第二节　真值条件与可接受条件

有些学者认为，过去时的虚拟语气隐含否定句子中的 if 条件句，但这个观点经不起推敲。如 Alan Anderson（1951）的例子：

（1）If Jones had taken arsenic, he would have shown just exactly those symptoms which he does in fact show.

因为这个例子暗示主句为真，我们可以将其修改为：

（2）If Jones had taken arsenic, Dr Smith would have found arsenic during Jones's autopsy.

说话人暗示，他相信 Jones 没有吃砒霜，也相信 Dr Smith 在尸检时未发现砒霜。然而，随后的发现证实，Jones 确实吃了砒霜，Smith 在尸检时也发现了砒霜。有些学者称这种条件句为 counterfactual，即使没有任何成分与事实背道而驰（Bennett，1984，1995；Dudman，1984；Edginton，1995）。有些学者将术语 counterfactual 只用于 if 小句和主句都为假的条件句（Goodman，1947；Fintel，2001；Iatridou，

2000；Ippolito，2003；Arregui，2007）。

Goodman（1947）将术语 *semifactual* 用于以下条件句：

（3） Even if you had taken no extra vitamin C, your cold would have cleared up in less than ten days.

他还指出，伴有"假"的成分的条件句可以变换成为伴有"真"的成分的条件句：

（4） a. If that piece of butter had been heated to 150°F, it would have melted.

b. Since that butter did not melt, it wasn't heated to 150°F.

Goodman 将例（4b）称为 factual 条件句。他认为，counterfactual 条件句的问题就是 factual 条件句的问题。如果所有的学者都以 Goodman 的术语 counterfactual，semifactual 和 factual 为专有术语，问题解决起来会更加简单。如果把这些术语应用于真实条件句，则能够专有、详尽地囊括所有的可能。唯一没有被覆盖的可能性是：当 if 小句取值为真时，主句取值为假。所有该类型的条件句，无论是虚拟条件句还是直陈条件句，句子的取值都为假。

假定违实条件句中的 if 小句取值为真，并假设有以下语境：

由于砒霜具有一定的美白效果，因此，Jones 多年来一直服食砒霜，每个月都如此。由于她服用的剂量很小，因此 Jones 并没有明显的中毒反应。直到后来，Tweedle 小姐在她的咖啡中增加了剂量，Jones 才感觉到身体不适。

（5） Jones had taken arsenic.

在该语境下，尽管例（5）不是条件句中的虚拟成分，句子的取值仍为真。现在有以下问题需要回答，即例（6）的取值是真还是假：

（6） Dr Smith would have found arsenic during Jones's autopsy.

我们认为，这个问题是不完整的。在给出答案之前，我们必须要理解另一个句子，即作为违实条件句前件的 if 小句。Would 小句作为一个完整的句子不会被自然地赋予一个真值。

(7) If I were a corporation lawyer, then I would wear shoes of a different style.

在例 (7) 中，我不是公司律师，所以 *I am a corporation lawyer* 为假。若作为一个完整句子，*I were a corporation lawyer* 则不合语法。那么，我们该如何判定它的真值呢？我们尝试把它看成一个完整句子，不管合不合语法，然而，我们却不知道该如何确定它的真值。

研究违实条件句或者虚拟条件句的学者通常认为，if 小句是直陈性的。逻辑学家之所以对拥有真值的直陈句和命题比较熟悉，是因为，他们考虑的是符合条件句分句要求的直陈句。在本章中，我们赞成，违实条件句的分句具有真值。

Chisholm (1946) 指出，无论何时，一旦我们认可了虚拟句，我们也就同时认可了与其相对应的直陈句①。多年来，从未有人质疑过 Chisholm 的观点。然而，自从 Adams (1970) 提出了以下这对条件句，Chisholm 原则就受到了挑战：

(8) a. If Oswald hadn't shot Kennedy in Dallas, then no one else would have.

　　b. If Oswald didn't shoot Kennedy in Dallas, then no one else did.

除此以外，大量其他的例句也能表达同样的观点：

(9) a. If I had not washed the dishes, no one else would have.

　　b. If I did not wash the dishes, someone else did.

例 (9a) 取值为真，因为在餐具附近，除了我，没有人愿意清洗它们。例 (9b) 为真，是因为餐具确实被某人清洗了。然而，若例 (9b) 的取值为真，那么，与例 (9a) 中 if 条件句对应的直陈句则是有问题的：

(10) If I did not wash the dishes, no one washed them.

违实条件句理论并不认为，与违实条件句对应的、直陈条件句的

---

① 我们将 Chisholm (1946) 的观点称为 Chisholm 原则。

取值都必须为真。

Chisholm（1946）指出，我们的问题在于，如何使一个违实条件句转换成一个表达同样内容的直陈句。Goodman（1947）也认为，"对违实条件句的分析并不是过分讲究的小语法练习。事实上，如果我们缺乏解释违实条件句的方法，我们很难宣称，我们拥有足够科学的哲学"。

国外语言哲学界对违实条件句语义的讨论由来已久。首选的分析为，"If P were the case，Q would be the case"的句子形式取值为真，当且仅当句子 Q 是句子 P 且 P 满足构成集合 S 的各类条件。①

分析是真正的哲学活动，条件句的语义不应该与条件句的特定背景混淆在一起（Chisholm，1946）。在 Chisholm 的基础上，我们认为，条件句的语义也不应该与普遍规律混淆在一起。

如果用这些方法分析条件句的语义，那么条件句的意义通常会比它们所表现出来的更多，人们对条件句的理解也要多于言者自身对句子的理解。虽然意义是一个复杂的话题，但是，无论持怎样的观点，我们都很难接纳以下论断：对条件句的分析即为条件句的语义。

这个观点存在两个问题：第一，它无法具体说明条件句的意义究竟是什么；第二，它们提供的只是对前提的一般分析。哲学家们已经探讨过后者，但是他们的描述值得商榷。我们需适当地看待他们的努力，采用扬弃的方法对其有所取舍，而不是全盘接受他们的观点。

沿着这个思路区分问题，我们就不能只停留在这两个问题上。真值条件、断言条件和可接受条件不但应该彼此区分开来，而且还应该与前提和意义分析区分开。

有学者认为，违实条件句的本质就是浓缩的论据（Chierchia，2000）。论据是非假非真的，而非假非真的句子实际上无法断言。鉴于此，寻找违实条件句的真值条件或者断言条件是不可行的。然而，我们认为，这一观点有悖于语言事实。在自然语言中，条件句自身就

---

① 通常认为，集合 S 包含的是科学定律和背景知识。

是可接受的句子，并且，在给定的语言环境中，人们也能够本能地判定句子的真假，因此，我们没有理由放弃研究其可接受条件。在任何情况下，可接受条件和真值条件都可以区别于背景或前提。两个人可以因为不同理由接受同样的条件句，但是条件句本身不会有不同的真值条件。

Goodman 和 Chisholm 尝试系统阐述违实条件句取值为真的条件。虽然一个成功的、有价值的表述不能彻底解决违实条件句的意义问题，然而，对条件句的意义分析而言，该表述仍有重要的启发作用。据此，我们将重新阐述本章开头引用的 Ramsey 的建议，并且用"取值为真"替换"意味着"：

（11）"If p then q"的取值为真，若 p 与某些事实或法则结合后可以推断出 q。

该建议仍会遭遇反例，例如（12）：

（12）a. If Jones were in Carolina, she would be in South Carolina.

　　　b. If Jones were in Carolina, she would be in North Carolina.

我们可以得出结论，条件句例（12a）与例（12b）不可能同为真。然而，由于例（12）中的 if 小句缺少背景明确性，若单独分析例（12a）与例（12b），我们无法判定两者的真值。假设有如下场景：场景一：Jones 住在 Swansea，没有计划去美国，而且她几乎没听过 Carolinas。由此判断，Jones 既不在 North Carolina 也不在 South Carolina。场景二：Jones 在 Carolinas，但事实上她不在 South Carolina。Carolina 完全由 South Carolina 和 North Carolina 组成。由以上推理和事实可得，她在 North Carolina。以同样的推理和不同的事实也可以得出 Jones 在 South Carolina.

例（12）中的条件句拥有明确的真值，然而，条件句中的 If 小句似乎不太具体。我们认为，是我们想象的情景缺乏相关的明确性，而不是小句本身有问题。如果 A 和 B 两人明年在纽约的一个语言哲学会议上碰面，A 也许可以如实说：

（13）If Sanford were in Carolina, he would be in North Carolina.

但如果 A 说：

（14）If Sanford were in Carolina, he would be in South Carolina.

A 所说的则为假。与 Jones 一样，如果 Sanford 在纽约，那么他既不在 North Carolina 也不在 South Carolina。这些事实是不相关的。与此相关的事实是，Sanford 住在 North Carolina，并且已经住了 15 年，如果他没有去纽约则会待在家里，离开纽约后又将回家。另外，在过去的 20 年里，Sanford 踏足过 South Carolina 两次。与 Jones 和两个 Carolina 的关系相比，Sanford 与两个 Carolina 的关系有较大差异。

其他学者也讨论过类似的例子（Edginton，1995）：

（15）If Apollo were a man, would he be mortal or would at least one man be immortal?

（16）If Caesar were in command, would he use catapults or atomic bombs?

（17）If Bizet and Verdi had been compatriots, would both be French or both be Italian?

我们可能无法回答这样的问题，例如，如果 Bizet 和 Verdi 两人是同胞，他们的国籍会是什么。然而，我们能够想象，这个问题可以有一个确定的答案。如果法国人 Bizet 的家庭和意大利人 Verdi 的家庭都移民到了巴西而不是其他欧洲国家，那么，法国人 Bizet 和意大利人 Verdi 是同胞，且他们都是巴西人。

"Bizet and Verdi were compatriots" 充当真实条件句的 if 小句，初看并没有很不具体，但是，事实上它可能太不具体了。Bizet 和 Verdi 成为同胞有很多方式，因为他们可能在很多城市居住过。如果有制约条件限制这些城市只能是唯一的，那么它就应该超越了同胞关系。

上述对 If A, then C 和 If A, then not‑C 句型的处理方式并不能够使所有的人都满意。包括 Goodman 在内的许多学者认为，如果一个条件句中包含意义相反的句对，那么，一个合理的处理方式就不应该对句对中的句子做出全部取值为真的判定。有时，条件句中意义相反的句对可以全部取值为真。如果该现象确实存在，那么，违实条件句理论就不应该排除 if A，then C 和 if A，then not－C 的联合真值。例（18）为语言哲学界有名的"擦火柴"问题：

（18）If match M had been scratched, it would have lighted.

我们假定，M 制作精良，干燥，被氧气环绕。根据一般法则，不干燥，制作有问题的火柴即使在充足的氧气里被刮擦，也不会点燃。该一般法则暗示，以下合取中至少有一个取值为假的结构成分：

（19）M is scratched, and M is a well－made match, and M is sur-
　　　rounded by adequate oxygen, and M does not light.

在 Goodman 的例子里，第一个结构成分取值为假，其余的取值为真。我们的假想是，如果第一个结构成分取值为真，则最后一个结构成分取值为假。问题在于，为什么违实证明程序拒绝接受的是最后一个结构成分，而不是第二个结构成分：

（20）If match M had been scratched, it would not have been dry.

当考虑违实假设时，我们需要一些原则来保留"M 是干燥的"这一事实而取消"M 未点燃"这个事实。

正如 Goodman 所说，如果需要评估的条件句包含前件 A，且有一个合适的条件 S 与条件句相关，那么，这个条件 S 不仅要与 A 相容，还应与 A 的取值同时为真。A 与 S 同时为真，A 和 S 的合取才能成立。反之，S 的取值为假。

我们现在用"取值同时为真"来解释例（12）的案例。在例（12）中，我们无法判断"Jones is not in South Carolina"与"Jones is in the Carolinas"的取值是否同时为真。在例（17）所展示的真实世界里，我们也无法判断"Bizet is French"和"Bizet and Verdi are compatriots"的取值是否同时为真。在例（18）中，我们认为"M is dry"是成立的，而"M does not light"和"M is scratched"的取值不能同时为真。确定"M does not light"和"M is scratched"的取值不能同时为真，也就确定了违实条件句"If match M had been scratched, it would have lighted"。

尽管大多数含有时间变量的物理法则在时间维度上是对称的，然而，在 Goodman 所举出的例子中，因果关系仍起着重要作用。有些学者认为，关注时间变量有助于解决相关的真值条件问题（Lewis，1979；Harman，1984；Adams，1987）。Slote（1978）所提出的违实条件句的基准时间（base time，即后件主句事件的发生时间），就是 if 小句和因果法则共同作用的结果。在基准时间，火柴 M 是干燥的，因此，在基准时间之后，火柴未点燃与因果法则不合。Parry（1957）也提出过类似的方案。第一，火柴在刮擦后随之点燃，与火柴在基准时间的干燥特征及刮擦时间并无联系，而是与干燥火柴刮擦后即燃的真实因果法则相关。第二，在有些违实条件句中，后件主句提及的事件时间可能与基准时间相同，所以时间因素并不能有效地解释相关事件为何没有发生。

除了强制性的时间限制外，另外还有一些事实也可能和违实条件句的真值相关，Slote（1978）制定了一个没有明确时间要求的、可接受条件的标准。他认为，条件 b 是可接受的，当且仅当：

依据前件小句和/或条件 b，加上真实世界的（因果）法则，后件小句能够得到有效的解释。

我们承认，通常来说，法则自身不能决定依存关系的方向问题，即前件依存于后件还是后件依存于前件。同样，我们也很难仅仅根据时间的先后定义依存关系的方向。但是，对于 Goodman 的案例而言，时间的先后、单向依存关系，或者是某种不对称性能够解决案例中句子的取值问题。火柴燃起依赖于刮擦，而火柴潮湿则不会。Slote 的解释借用了 Parry（1978）、Cooley（1957）等其他学者的观点。

Slote 提案存在一个难以解决的问题。这个问题就是，究竟是什么原因造成了解释的不对称性，解释不对称性这个概念自身就难以让人理解。如果我们用虚拟条件句说明解释方向，我们就会陷入一个循环。如果不用这样的循环也能说明解释方向，那么，我们就应该修订条件句的处理方式，避免令人尴尬的循环论证。

随着对违实条件句研究的注意力的转向（由纯思维转向可能世界），由 Ramsey 提出、Chisholm 追随、Goodman 热烈讨论过的这种条件句的处理方法，变得不再流行。Kvart（1980）相信覆盖法则，使用致使不相关（causal irrelevance）和致使正相关概念处理 Goodman 相关条件的问题。由于致使相关和致使不相关并不是初始概念，因此，Kvart（1986，2004）不得不使用概率的方法来定义它们。

以上观点各有不足。虽然 Goodman（1947）列举的有关"火柴 M"的案例是由因果关系决定的，但是，他并没有规定"lead by law"一定仅限于因果法则。Slote（1978）则更加明确，他要求的是非典型统计（non–statistical）意义上的因果法则。Kvart 求助于致使相关概念，但是一些可接受的违实条件句并没有涉及致使关系或因果法则。例如：

(21) If I had waited four more days to take out my loan, I could have borrowed at a lower interest rate.

在例（21）中，言者并不认为，利率取决于他什么时候借钱。相反，利率独立于言者的财务状况。事实上，利率在他借钱后的第四天就下滑了。这就是为什么，如果他多等四天，他就能以较低的利率借款的原因。例（21）中似乎并没有因果关系或致使关系的存在。如果例子中涉及了任何法则（例如非对立法则），它也不可能是因果法则。一个合适的理论，既要能够处理违实条件句中因果关系的例子，又要能够处理非因果关系的例子。

第三节　违实条件句与可能世界

许多人对可能世界的了解是源自 Voltaire 而不是 Leibniz，尽管 leibniz 的观点在哲学界广为人们所接受。必然真理在所有的可能世界里都为真，这个观点具有极大的启发性。

Irvin Lewis（1943）认为：

一个命题可以包含任何一个我们可想象的、标志事物状态的世界，这也是 Leibniz 所划分的可能世界。这种可能世界的概念是浅薄的，因为真实世界只是众多可能世界中的一个。当我们考虑到不确定事实的数量时，与之相关的可能世界的数量则更为复杂。分析命题适用于每个可能世界，或者说，它们能够在每个可能世界中取值为真。（Lewis，1943：237，笔者译）

Carnap（1947）指出，必然性句子在每个"状态描述"中都会取值为真。"状态描述"是某种类型的原语句，每一个原语句都会包含自身或与其对应的否定句，而不会将两者都包含在内。除此之外，它也不能包含其他句子。所谓的"状态描述"就是 Leibiniz 的可能世界，也就是 Wittgenstein 所说的可能事物状态。

Sellars（1948，1958）详尽地讨论了可能世界。他首先讨论了 Irvin Lewis 违实条件句的问题。人们期待 Sellars 能够为违实条件句提供明确的、基于可能世界的解释，但是，他讨论的重点主要是针对法则和共性。20 世纪 40 年代末，在形式哲学家心中，可能世界已经是一个广为认可的术语。

20 世纪 60 年代初，Kripke（1963）和 Hintikka（1962）等人提出了完备的模态逻辑。模态逻辑的完备性唤起了哲学界对可能世界的兴趣。Stalnaker（1968，2012，2014）最终提出了针对违实条件句形式化的可能世界语义学。而 David Lewis（1973）则对违实条件句给出了一个类似却又不同的解释。

Stalnaker（1968）对拉姆齐测试（Ramsey test）的表述为：

第一，为信念储备增加前件（假设地）；

第二，按一致性要求对信念储备进行调整（不要修改前件中的假设信念）；

第三，考虑结论是否为真。

Stalnaker 并未追究可断言条件是否缺乏真值条件，反之，他继续根据真值解释断言性：

对于"How do we decide whether or not we believe a conditional statement"，我们已经找到了问题的答案。解决问题的难点是将信念条件转变为真值条件，也就是说，为条件句形式的直陈句找到一组真值条件。这也解释了我们为什么需要用这个方法来评估条件句。可能世界

的概念正是转换过程所需要的，因为可能世界就是对假定信念本体的模拟。（Stalnaker，1968：112；笔者译）

Stalnaker 将可能世界与假定信念的概念之间进行类比是有瑕疵的（Dov Gabbay & Karl Schlechta，2011）。哲学家们认为，世界是一个极大的概念：它具有完整、饱和及明确这三个特征。在一个世界中，一棵树叶茂盛的大树一定会有相当数量的树叶，每一片树叶都有一定的尺寸、形状和质量。与之相比，信念库却并不是极大的。一棵树有很多树叶，并不需要其他信念的补充。我们可以不知道这棵树到底有多少片树叶，也可以不知道每片树叶究竟是什么形状。两种不同的信念能够保持一致，但是，两个不同的可能世界则一定是相互排斥的，至少，在一个世界中取值为真的事件在另一个世界中则会取值为假。

总的来说，对于任何一个可能世界 w 和任意一个命题 B，要么 B 在这个世界中的取值为真，要么为假。而对于信念库，命题 B 和非 B 可能都没有被包含在信念库里。拉姆齐测试并没有对每种情况都给予解答。例如：

（22）If that tree had not died last summer, it would now bear an odd number of leaves.

条件句例（22）的取值可能既不为真，也不为假。然而，一旦我们补充假定信念 "That tree is alive"，并按一致性要求对信念做出细微调整后，也许就会出现以下命题：树叶的数量既不为单，也不为双。然而，在任何一个"那棵树是活的"的可能世界中，那棵树一定会有一定数量的树叶，要么为单，要么为双。拉姆齐测试并不能解释为什么推导的结果会是这样。

为了发展条件句逻辑的形式语义学，Stalnaker（1968）做了以下两个假设：

假设一：限制假设（The Limit Assumption）：对于每个可能世界 i 和非空命题 A，至少有一个 A 世界与 i 有细微不同；

假设二：独特性假设（The Uniqueness Assumption）：对于每个可能世界 i 和命题 A，至多有一个 A 世界与 i 有细微不同。

Stalnaker（1968）认为，用相似性原则对信念库做出细微调整是不现实的。逻辑式是理想化的，当理想与现实冲突时，人们将利用可行的解释填补空缺。Stalnaker 的理论包括以下排中律原则：

（23）（A＞B）v（A＞~B）

如果存在一个 A 世界，该世界与给定的世界有细微区别，且命题 B 或 ~B 在那个世界中取值为真，那么，条件句中的一个析取项必然取值为真①。至于是第一个析取项取值为真还是第二个析取项取值为真，并没有客观准确的答案。在这个方面，条件句排中律与普遍的、非条件句的排中律"A v ~ A"相似。例如，在 2 月底，某棵大树上的树枝是光秃秃的。到了 6 月初，大树长出了绿叶。也就是说，大树在 2 月末和 6 月初之间长出了新叶。我们能不能说，在这三个月内，树叶的生长是有先后顺序的呢？恐怕不能。尽管树上的树叶长得很快，然而，第一片和第二片树叶间的相对不同在这个例子中是很难区分的。能区分的不同是有叶与无叶。那么，这个例子的排中律又如何呢？

（24）Either that branch has at least one leaf or that branch does not
　　　 have at least one leaf?

有时，究竟哪个析取项取值为真并没有客观答案。我们仍然接受析取法，是因为例（24）中一定会有一个析取项取值为真。基于类似的原因，我们也接受条件句排中律。尽管我们并不能将拉姆齐测试以决定性的方式明确地应用到前件上，然而，只要前件足够明确，那么，条件句中的一个析取项就一定会取值为真。

Lewis（1973）在 Stalnaker（1968）的基础上发展了综合的可能世界理论，其中，Stalnaker 的假设仅适用于有限的情况。

Lewis 并没有通过拉姆齐测试对可能世界的问题进行讨论，而是以严格条件句的标准构建了可能世界语义学。违实条件句不是严格条件句。前件增强只能够对严格条件句有效。如果命题 B 在所有可及的

---

① Stalnaker（1984）并不认为，我们总有可能知道那个稍稍不同于给定世界的 A世界。

A 世界里取值为真，那么，严格条件句 A→B 也为真。因为可及性在严格程度上会有所不同，因此，严格条件句也会表现出程度的不同。

Lewis（1973）引进了可变严格条件句概念：就严格程度而言，任何一个特定的违实条件句都应该在许可的范围内保持一个"度"，如果在这个"度"上条件句能够避免语义为空，那么，对条件句的限制就不应该再次加强。例如：

（25）If Jones had taken arsenic, Dr Smith would have found arsenic during Jones's autopsy.

例（25）也许有一个取值为真的前件。这种情况下，唯一相关的可能世界就是真实世界。为了使条件句的取值为真，后件就必须在真实世界中取值为真。

（26）We could play chess with creatures in other galaxies if there were truly instantaneous communication.

与例（25）相比，例（26）更为特殊。条件句要求进入一个可能世界，该可能世界的基本物理法则与真实世界不同。在所有类似于真实世界的可能世界里，不存在与外星人下棋的可能。

Lewis 利用三维相似关系来说明可能世界之间的相似性。在可能世界 j、可能世界 i 和可能世界 k 中，我们至少可以找到一种相似性。违实条件句 A > B（A 为非空）在世界 i 中取值为真，当且仅当，B 在某个包含 A 的可能世界（可能世界 j 或可能世界 k）中取值为真。换句话说，存在某个可能世界，命题"A& ~ B"包含在这个可能世界里。与其他包含同样命题的可能世界相比，这个可能世界更接近可能世界 i。这种表述并不需要限制假设和独特性假设。

（27）If I were more than three inches taller, I would still be no good at basketball.

例（27）说明，限制假设似乎并不可行。对于每一个比 3 大的数字 m，存在另一个比 3 大，但比 m 要小的数字。即使我们有无限的可能世界，在这些世界中我的身高在原来的基础上高了 3 英寸，可是，如果我在那些可能世界里都不善于打篮球，那么，条件句的取值为真。

同样，例（28）说明，独特性假设似乎也不可行：

（28）If I had put on a different pair of socks this morning, they would have been grey socks.

今天早上我穿上一双袜子 b 的可能世界 j 和穿上一双袜子 c 的可能世界 k 与真实世界一样接近。就"穿袜子事件"而言，这两个世界之间没有什么不同。如果没有一个世界比"我穿上灰色袜子"的世界更接近真实世界，条件句的取值就为真。

尽管 Lewis 的解释并不支持 Stalnaker 的条件句排中律原则，然而，两者的相同点要比不同点具有更加深远的意义。

假设两者都以同样的方式处理了对照、前件增强和假设这个三段论。尽管 Lewis 所画的图是二维的，它们传达的相关信息也能用一维呈现。在接下来的图例中，点越靠近右边代表离真实世界越远。真实世界处于直线区间的左端点，其他可能世界位于它的右侧。当一个点被标记为 A，则意味着它是 A 区间最左边的左端点。每一个定位在 A 区间里的可能世界就是 A 世界，且每一个 A 区间都有一个最左边的左端点。若限制假设在 A 区间未满足，则不会有可能世界定位于 A 区间的左端点。若独特性假设在 A 区间未满足，则会有多于一个的可能世界定位于 A 区间的左端点。是否满足这些假设与我们将要讨论的案例无关。假设所有的区间都能够尽可能地延伸到右侧，那么，当一个点被标记为 A 时，A 区间则会向右延伸直至 ~A 区间。~A 点是 ~A 区间最左边的左端点。如果 A 在真实世界中为真，整条直线的最左端就是 A 区间的左端点。以图 3 - 1 为例：

图 1 - 1　可能世界的区间划分

在图 1-1 中，条件句 A > B 取值为真。与真实世界最相似的 A 世界就是 B 世界。最接近真实世界的 A 世界位于 A 区间的最左端。总的来说，条件句 A > B 取值为真，当且仅当 A 区间的最左端位于 B 区间内，或者与 B 区间的最左端重合。

条件句 ~B > ~A 在这种情况下的取值为假，因为 ~B 区间的最左端位于 ~A 区间（A 区间）内。最接近真实世界的 ~B 世界是 A 世界，而不是 ~A 世界。

Lewis 和 Stalnaker 使用术语"违实"表示其他人的所指的"虚拟"。在真值方面，违实条件句对与其对应的直陈条件句没有任何影响。如果我们理解"counterfactual"与"factual"及"semifactual"之间的对立，我们就会注意到图 1-1 是"semifactual"的反例。事实型违实条件句在 Stalnaker - Lewis 的解释中取值都为真。如果真实世界是一个 A 世界，那么，就不可能有一个世界比 A 世界更接近自己。如果 A 为真，那么 A > B 为真当且仅当 B 也为真。严格违实条件句的对立句（contrapositive condtionals），即主句和 if 小句取值都为假的条件句，则是事实条件句。因此，根据此观点，不管原条件句是否为真，严格违实条件句的每个对立句取值都为真。

每一个严格违实条件句都是事实条件句的对立句，因为所有的事实条件句取值都为真。事实条件句 A > B 取值为真的情况可分为以下两类：

第一种情况中，~B > ~A 的取值为假，因为 B 区间的左端点在 A 区间内。如果在扑克游戏中抽到同花，那么，根据 Stalnaker - Lewis 理论，例（29）的取值为真：

（29）If I had drawn a flush, then I would have drawn a straight flush.

例（29）的对立句例（30）取值为假：

（30）If I had not drawn a straight flush, then I would not have drawn a flush.

与没有抽到同花的最接近的可能世界相比，没有抽到同花顺的最接近的可能世界离真实世界更近。

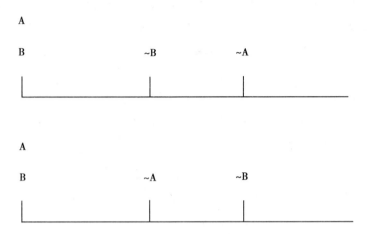

图 1-2   事实条件句的取值区间划分

第二种情况中，～B ＞ ～A 的取值为真，因为～B 区间的左端点在～A 区间内。

图 1-3 是条件句小句取值都为真的情况：

A 区间的左端点位于 B 区间内。因为～B 区间（真实世界）的左端点与～A 区间（也是真实世界）的左端点重合，解释有效。

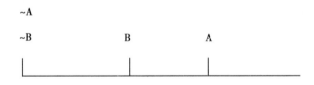

图 1-3   条件句取值都为真的区间划分

对立句最显著的反例，在结构上与准事实对立句类似。例如，

（31）If I had drawn a flush, I would not have drawn a straight flush.

（32）If I had more than two children, we would not have had more than ten children.

每一个类似例句的对立句都是不合理的。若 A 取值为真是 B 取值为真的必要条件，条件句 A ＞ B 取值为真。但是，当 A 对于 B 必要，

B 对于 A 为可能时，B ＞ ～A 则不可接受。

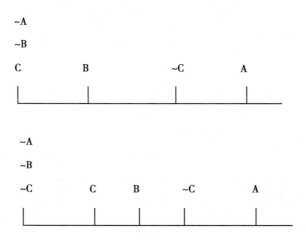

图1-4 对立句取值的区间划分

在图1-4中，每一种情况下，A＞B的取值都为真，因为A区间的左端点都在B区间内；B＞C的取值也都为真，因为B区间的左端点在C区间内；A＞C的取值为假，因为A区间的左端点在～C区间内。第一幅图中，B＞C为准事实，在真实世界里，C为真，B为假。第二幅图中，A、B、C在真实世界中均为假，并且存在两个不连贯的～C区间。以下三段论的例子能够很好地说明这一点：

（33） a. If I should win a Nobel Prize next year, I would go to Europe.

b. If I should go to Europe next year, I would not go to Sweden.

c. Therefore, if I should win a Nobel Prize next year, I would not go to Sweden.

（34） a. If I were president of General Motors, I would be very wealthy.

b. If I were very wealthy, I would drive a Jaguar.

c. Therefore, if I were president of General Motors, I would drive a Jaguar.

任何三段论的反例都能够转变成前件增强的反例，例如：

（35）If I were very wealthy, I would drive a Jaguar. Therefore, if I were very wealthy and president of General Motors, I would drive a Jaguar.

有些前件增强的反例不能转变成三段论的反例，因为作为前件的其他条件句不可接受：

（36）If you find a parking space, you will have a bit of good luck. Therefore, if you find a parking space, and your car is smashed by a railway locomotive before you can park it, you will have a bit of good luck.

以图 1 - 5 表示 B ＞ C 为真，（A&B）＞ C 和 A ＞ B 为假的情形：

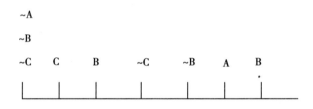

图 1 - 5 三段论反例的区间划分

相反条件句也表现出了独有的特征。我们所说的相反条件句，是指 if 小句相同而主句对立的句子，例如：

（37）a. If you jump, you will hurt yourself.

b. You wont hurt yourself if you jump.

根据 Stalnaker - Lewis 分析，相反条件句的成员不允许同时为真。然而，在某些语境下，相反条件句的成员可同时为真。

Lewis 用符号□→表示 would have 型虚拟条件句，用◇→表示 might have 型虚拟条件句。根据 Lewis（1973），A◇→B 的定义为：

A◇→B = df ~（A□→B）

因此，例（38）等同于例（39）：

（38） If we hadn't hired Brandon, then we might have hired you.

（39） It is not the case that if we hadn't hired Brandon, then we still would not have hired you.

A◇→ B 在 i 世界中取值为真，只要某个（A&B）的世界和任何（A& ~ B）的世界一样接近于 i 世界。

鉴于 Stalnaker 的限制和独特性假设，如果某个（A&B）的世界和任何（A& ~ B）的世界一样接近于 i 世界，那么它一定比任何（A& ~ B）世界更接近于 i 世界。Stalnaker 的假设，加上 Lewis 对于◇→的解释表明，A ◇→ B 和 A→B 之间并没有逻辑差别。这个结论是不可接受的。Stalnaker 没有尝试仅从可能世界方面解释 "might have" 型条件句。他认为，"might" 条件句经常表达一种认识可能性，例（40） 就是例（41）：

（40） If we hadn't hired Brandon, then we might have hired you.

（41） It is epistemically possible that if we hadn't hired Brandon, then we would have hired you.

人们可以用 "might have" 型条件句来支持不同于 Stalnaker - Lewis 分析的观点。例如：

（42） If I had dropped the tray, all the cups might have broken.

在真实世界中，托盘没有掉到地上，杯子就没打碎。如果托盘掉到了地上，那么，所有的杯子都可能打碎了。如果存在一个可能世界，一个 "托盘虽然掉到了地上，然而并不是所有的杯子都被打碎了" 的世界，并且这个世界比任何 "托盘掉到了地上，且所有的杯子都被打碎了" 的世界更接近于真实世界，那么，根据 Lewis 的观点，"might have" 型条件句取值为假。此外，还有一个可能是，尽管所有的杯子都可能被摔碎了，但 "would have" 型条件句仍可取值为真。表面上看，与 "所有杯子都碎了" 的世界相比，"不是所有杯子都碎了" 的世界更接近于 "没有杯子摔碎" 的世界。

Nute（1980） 认为，条件句 A > B 在 i 世界中取值为真，当且仅当所有与 i 足够接近的可能世界 A 都是可能世界 B。如果其中至少有一个 A 世界与 i 世界足够接近，那么，"might have"型条件句的取值为真。因此，只要"托盘掉到地上"的世界与真实世界足够接近，但并不需要与真实世界最接近（即所有杯子都碎了），条件句例（42）的取值为真。

"might"除了表明认识的可能性之外，还能够反映认识的概率。一个人的信念"it is possible that P"或者"it is possible for a to φ"并不足以表达"It might be that P"或"a might φ"。尽管我有可能明天坐飞机去 Omaha，但"我可能明天坐飞机去 Omaha"可以为假，因为我明天飞去 Omaha 的可能性很低。我们可以把概率和 Nute 可能世界里的"足够接近关系"联系起来，即将条件句概率和条件句的可能世界解读结合起来。

在对例（42）的分析中，我们知道，从表面上看，"部分杯子摔碎了"的世界比"所有的杯子都碎了"的世界更接近于"没有杯子摔碎了"的世界。但是我们不需要接受这个第一印象。Lewis 的解释并没有要求我们将首先浮现在脑海中的可能世界，看作是比较世界相似性的标准。因此，Lewis 能够避免 A & B 原则，在他的解释中，A□→B 没有任何形式变化。如果 Lewis 愿意，他能够将"所有的杯子都碎了"的世界和"部分杯子摔碎了"的世界与"没有杯子摔碎了"的世界看成一样相似。在例（42）中，我没有掉下托盘，杯子没有碎。我们也能够假设，托盘如果掉了，杯子也有可能没有碎。与此同时，我们还能够假设，如果托盘掉了，可能有一些，或者所有的杯子都碎了。例如：

（43）If I had dropped the tray, no cups would have broken.

在真实世界中，没有杯子摔碎。与"有些杯子摔碎了"的世界相比，"没有杯子摔碎了"的可能世界更接近于真实世界。

Fine（1975）认为，违实条件句例（44）的取值可以为真，也可以为假：

（44）If Nixon had pressed the button there would have been a nuclear holocaust.

根据 Lewis（1973）的分析，违实条件句很可能为假。对于给定的前件和后件都为真的世界，很容易想象一个更接近的世界，其中前件为真，后件为假。我们需要想象的仅仅是"防止浩劫发生"而可能出现的情况，无须偏离事实。

Lewis 的回应是，我们对条件句可接受性的判断影响我们对可能世界的判断。我们必须利用所知道的、关于条件句真假的知识，推测出某种相似性关系（并不一定是首先出现在脑海的）。Lewis 想要找的是一种相似性关系，一旦找到，就能够用于判定违实条件句的可接受性。他并没有提议，为了建立合理的相似性标准，我们要继续使用已知的、关于条件句的相关知识。

建立合理相似性标准的目的在于，我们能够使用它同时处理几个问题。Lewis 想要解决的核心问题是，对违实依存的不对称性做出解释。其不对称性表现在多个方面，包括因果关系，时间开放性（temporal openness）等。按照重要性排序，Lewis 的相似性标准可排列如下：

1）第一重要原则，避免对法则程度大、范围广、样数多的违反；

2）第二重要原则，时空域最大化以确保特定事实的完全搭配；

3）第三重要原则，避免对法则细小、局部、简单的违反；

4）确保与特定的事实无限接近没有重要性或意义很小，即使是和我们最相关的事情也是如此。

在例（43）中，我们尽量避免打破祖母的杯子。事实上，我们也确实做到了，没有杯子摔碎了。因此，"我掉了托盘但没有杯子摔碎"的可能世界，在关注度方面，更接近于真实世界。因此，在重要性排序时，Lewis 将这种相似性排在最后。更重要的相似性取决于原则一和原则二。在大多数情况下，可能世界都遵循真实世界的法则。一个在托盘掉下之前且遵循真实世界法则的可能世界与真实世界匹配完美，与其他不具备这些特征的可能世界相比，前者与真实世界更加相似。在这个可能世界里，杯子的命运取决于物理条件、事发现场的场景以及自然法则。杯子破碎数量的多少并不能帮助我们确定最相似的世界。与之相反，在确定最相似的可能世界之后，我们就会更容易确定被打破了的杯子的数量。同理，在 Fine 所给出的例（44）中，地球的命运取决于核弹的物理配置（按钮、电池、电线）以及自然法则。断开电缆能够防止按下按钮所产生的浩劫，但是，没有一个改变能够延展到完美匹配的时空区域。在评估条件句时，这一点更为重要。

Lewis 将时空域最大化（原则二）排在避免对法则细小、局部、简单的违反（原则三）之前。两个确定的可能世界，如果具有相同法则且在某个时间能够完美匹配，那么，在任何时候，这两个世界都会完美匹配。如果真实世界是确定的，某一个可能世界与真实世界在"拿起托盘时"完美匹配，那么，如果在真实世界里我拿稳了托盘，而在这个可能世界里托盘掉到了地上，可能世界里的某个事件就一定会违反真实世界明确的法则。

尽管 Lewis 本人是非决定论者，他仍不想将他对条件句的解释建立在非决定论（indeterminism）的基础上。他允许可能世界包含"小奇迹"，这个"小奇迹"就是对真实世界法则的局部违反。其他哲学家在解释条件句时则尽量避免"允许奇迹"。人们可以用无数的方式详细说明、修订并改善 Stalnaker – Lewis 所提出的可能世界理论模式。

与 Stalnaker 和 Lewis 的理论相比，许多处理方法倾向于更加明确地使用时间概念。Jackson（1987）为违实条件句分析引进了术语"顺序违实条件句"（如果某事在某时间发生，其他事情会在其之后发生）。他用 Ta 表示前件时间，即顺序条件句中前件实现的时间。Jackson（1987）对顺序条件句 P→Q 的评估如下：

P 世界满足以下条件：（i）在 Ta 或 Ta 之后的因果法则与我们的真实世界相同；（ii）P 世界的 Ta 时间片段在特定事实中是最接近于我们的；（iii）在 Ta 之前，P 世界在特定事实上与我们的世界相同。这些可能世界被称为前件最接近（antecedently closest）的 P 世界。如果每一个前件最接近的 P 世界是 Q 世界，那么 P → Q 在真实世界中为真。

Jackson 认为，在面对逆序违实条件句时，人们可以通过修订时间要求进行处理，顺序反常（asequential）的违实条件句可以被理解为一个顺序条件句句对。

类似于 Jackson 的提议，Davis（1983）也系统地阐述了他的提案：

违实条件句 A > C 取值为真，当且仅当 C 在 s（A）中的取值为真，其中 s（A）是指在 t（A）（A 的参照时间）之前与真实世界最相似的 A 世界。

Davis 认为，尽管 Stalnaker（1968）不能正确地解释违实条件句，但是，对于解释直陈条件句则毫无问题。

对于回溯型违实条件句，学界的看法也不一致。例如：

（45）If Moss had won, he would have had to have used different tyres from the start.

Jackson 提出，对于回溯型违实条件句的真值，我们应分开处理。Davis 则认为，逆序条件句的真值不一定为假。如果删除 Jackson 因果法则条件（i），那么，其结果将类似于 Davis 的提案。

如果删除 Jackson 中的条件（iii）而不是条件（i），那么，其结果类似于 Jonathan Bennett 的提议。Bennett 打算用一个单一的理论同时处理顺序违实条件句和逆序违实条件句，而不是像 Jackson 一样，利用两个相关理论，对违实条件句进行分离处理。

Bennett 认为，条件句 P > Q 取值为真，当且仅当，Q 在所有与 T 最接近的可能世界 P 中取值为真。T 定位命题 P 的时间。根据以上条件，通过找到符合真实世界法则的、最接近于 T 的前件世界，人们就能够判断在哪些世界里后件取值为真，进而找到违实条件句的真值条件。或者，人们可以在语言表述里找到某个世界区间，在该区间里，所有时间（T 前 T 后）里所发生的事件都符合真实世界的法则，同时，事件发生的时间也最接近于 T。如果这些区间包含 Q，那么，条件句 P > Q 取值为真，否则为假。

第四节　结语

在本章，我们讨论了语言哲学界对违实条件句的哲学思考，这些思考对研究违实条件句的句法和语义提供了不同的思路。借助于 Lewis 的可能世界和相似性概念，我们能够在随后几章里对违实条件句做出深入的分析。

参考文献

［1］ Adams, Ernest. 1970. Subjunctive and Indicative Conditionals ［J］. *Foundations of Language* 6, 89 – 94.

［2］ Adams, Ernest. 1987. On the Meaning of the Conditional ［J］. *Philosophical Topics* 15, 5 – 22.

［3］ Anderson, Alan. 1951. A Note on Subjunctive and Counterfactual Conditionals ［J］. *Analysis* 12, 35 – 38.

［4］ Arregui, Ana. 2007. When aspect matters：the case of "would" conditionals ［J］. *Natural Language Semantics* 15：221 – 264.

［5］ Bennett, Jonathan. 1984. Counterfactuals and Temporal Direction ［J］. *The Philosophical Review* 93：7 – 89.

［6］ Bennett, Jonathan. 1995. Classifying Conditionals：the Traditional Way is Right ［J］. *Mind* 104, 331 – 354.

［7］ Carnap, Rudolph. 1947. *Meaning and Necessity* ［M］. Chicago：University of Chicago Press.

［8］ Chierchia, Gennaro. 2000. *Dynamics of Meaning* ［M］. Chicago：University of Chicago Press.

［9］ Chisholm, Roderick. 1946. The contrary – to – fact conditionals ［J］. *Mind* 55：289 – 307.

［10］ Cooley, John. 1957. Professor Goodman's *Fact, Fiction and Forecast*

[J]. *Journal of Philosophy* 54, 293 – 311.

[11] Davis, Wayne. 1983. Weak and Strong Conditionals [J]. *Pacific Philosophical Quarterly* 64, 57 – 71.

[12] Dov Gabbay & Karl Schlechta. 2011. Conditionals and Modularity in General Logics [M]. Berlin: Springer.

[13] Dudman, Victor. 1984. Conditional Interpretations of If – sentences [J]. *Australian Journal of Linguistics*, 4: 143 – 204.

[14] Edginton, Dorothy. 1995. On Conditionals [J]. *Mind* 104, 235 – 329.

[15] Fine, Kit. 1975. Critical Note of *Counterfactuals* by D. Lewis [J]. *Mind* 84, 451 – 459.

[16] Fintel, Kai Von. 1998. The Presupposition of Subjunctive Conditionals [A]. In Sauerland and Percus (eds.), *The Interpretive Tract* [C]. Cambridge: MITWPL 25, 29 – 44.

[17] Fintel, Kai. 2001. Counterfactuals in Dynamic Context [A]. In Michael Kenstowicz (ed.), *Ken Hale: A Life in Language* [C], 132 – 152. Cambridge: MIT Press.

[18] Goodman, Nelson. 1947. The Problem of Counterfactual Conditionals [J]. *The Journal of Philosophy* 44, 113 – 138.

[19] Harman, Gilbert. 1984. Logic and Reasoning [J]. *Synthese* 60, 107 – 127.

[20] Hintikka, Jaakko. 1962. *Knowledge and Belief: An Introduction to the Logic of the Two Notions* [M]. Ithaca: Cornell University Press.

[21] Iatridou, Sabine, 2000. The Grammatical Ingredients of Counterfactuals [J]. *Linguistic Inquiry* 31: 231 – 270.

[22] Ippolito, Michela. 2003. Presuppositions and Implicatures in Counterfactuals [J]. *Natural Language Semantics* 11, 145 – 186.

[23] Ippolito, Michela. 2013. Subjunctive Conditionals [M]. Cambridge: MIT Press.

[24] Jackson, Frank. 1987. *Conditionals* [M]. Oxford: Blackwell.

[25] Kratzer, Angelika. 1991. Modality [A]. In Arnim Stechow and Diet-

er Wunderlich (eds.), *An International Handbook of Contemporary Research* [C], 639 – 650. Berlin: De Gruyter.

[26] Kripke, Saul. 1963. Semantical Considerations on Modal Logic [J]. *Acta Philosophica Fennica*, 16: 83 – 94.

[27] Kvart, Igal. 1980. Formal Semantics for Temporal Logic and Counter-factuals [J]. *Logique et Analyse* 23, 35 – 62.

[28] Kvart, Igal. 1986. A The*ory of Counterfactuals* [M]. Indianapolis: Hackett.

[29] Kvart, Igal. 2004. Causation: Probabilistic and Counterfactual Ana-lyses [A]. In John Collins etc. (eds), *Causation and Counterfactu-als* [C], 359 – 386. Cambridge: MIT Press.

[30] Lewis, Irvin. 1943. The Modes of Meaning [J]. *Philosophy and Phe-nomenological Research* 4, 236 – 250.

[31] Lewis, David. 1973. *Counterfactuals* [M]. Cambridge: Harvard University Press.

[32] Lewis, David. 1979. Counterfactual Dependence and Time's Arrow [J]. *Noûs* 13: 455 – 476.

[33] Lewis, David. 1986. *On the Plurality of Worlds* [M]. Oxford: Basil Blackwell.

[34] Nute, Donald. 1980. *Topics in Conditional Logic* [M]. Dordrecht: Reidel.

[35] Palmer, Frank. 1986. *Mood and Modality* [M]. Cambridge: Cam-bridge University Press.

[36] Parry, William. 1957. Reexamination of the Problem of Counterfactu-al Conditionals [J]. *Journal of Philosophy* 54, 85 – 94.

[37] Quirk, Randolf, et al. 1985. *A Comprehensive Grammar of the Eng-lish Language* [M]. New York: Longman.

[38] Ramsey, Frank. 1931. General propositions and causality [A]. In David Mellor (ed.), *Foundations – Essays in Philosophy, Logic,*

Mathematics and Economics [C], 64 - 87. Cambridge: Humanities Press.

[39] Sellars, Wilfrid. 1948. Concepts as involving laws and inconceivable without them [J]. *Philosophy of Science* 15, 287 - 315.

[40] Sellars, Wilfrid. 1958. Counterfactuals, Dispositions, Causal Modalities [J]. *Minnesota Studies in the Philosophy of Science* 2, 225 - 308.

[41] Slote, Michael. Time in Counterfactuals [J]. *Philosophical Review* 87, 3 - 27.

[42] Stalnaker, Robert. 1968. A Theory of Conditionals [A]. In Nicholas Rescher (ed.), *Studies in Logical Theory* 2 [C], 98 - 122. Oxford: Blackwell.

[43] Stalnaker, Robert. 1973. Presuppositions [J]. *Journal of Philosophical Logic* 2, 447 - 457.

[44] Stalnaker, Robert. 1975. Indicative Conditionals [J]. *Philosophia* 5, 269 - 286.

[45] Stalnaker, Robert. 1984. *Inquiry* [M]. Cambridge: MIT Press.

[46] Stalnaker, Robert. 1999. *Context and Content* [M]. Oxford: Oxford University Press.

[47] Stalnaker, Robert. 2012. *More Possibilities: Metaphysical Foundations of Modal Semantics* [M]. Princeton: Princeton University Press.

[48] Stalnaker, Robert. 2014. *Context* [M]. Oxford: Oxford University Press.

第二章

过去时语素与对应体关系

违实条件句能够为我们提供现实世界的相关信息。我们在现实世界中所说出的违实条件句，其真值的判定依赖于现实世界所发生的事情。例如：

（1）If Nixon had pushed the button, there would have been a nuclear holocaust.

许多人认为，该条件句的取值为真。同时，他们也相信，若现实世界中的情况有了变化，该句的取值也有可能为假。

尼克松没有真正按下核控制按钮，这个事件也并没有真正发生。我们知道，违实条件句关注的不是已发生的事件，既然如此，它又为何能够给我们提供有关现实世界的信息？条件句的真值又是如何依存于已发生的事件的？

根据 Lewis – Stalnaker 分析，例句（1）的解读应包括对可能世界的量化（quantification over possible worlds）。现实世界的事实影响违实条件句的真值，是因为它们能够决定哪些可能世界可以存在于量化范围之内。在 Lewis – Stalnaker 的语义框架中，若违实条件句的前件（antecedent）在现实世界中取值为真，则量词辖域由所有的、最接近于现实世界的可能世界构成。与现实世界的相似性是决定一个可能世界能否进入量词辖域的唯一标准。因此，现实世界的特征将影响量词辖域。

在以下这段话中，Lewis（1986）讨论了可能世界与真实世界的关联性以及可能世界理论：

这就是我们的世界，具有某个特定的质。从广义上说，质包括不可消除的致使关系、法则、机会等一切你认为应该包括在内的东西。所有不同的 A 世界（A - worlds）都具有不同的特征。若某个世界（A and C）比任何一个其他世界（A and not C）更接近于我们的现实世界，那个世界就能够让违实条件句在我们的世界中取值为真。这种临近性（closeness）是否应该被称为相似性，应该由世界的特征来决定。因此，总的来说，是我们这个世界的特征使违实条件句的取值为真。（Lewis 1986：22；作者译）

我们将在本章证明，违实条件句的真值之所以依赖现实世界，其原因是，条件句关注的是现实世界的过去（actual world past，写作 Past）。Lewis - Stalnaker 分析中的一般相似性被转移到过去相似性（similarity in the past）。这样做的目的有两个：第一，能够更清楚地认识确定量词辖域的标准；第二，能够更好地了解条件句前件中的过去时语素。

第一节　违实条件句中的过去时语素

在分析违实条件句时，理解过去时语素在句中所起的作用至关重要。这是因为：第一，我们用过去时语素做违实假设；第二，在判定违实条件句的真值时，过去时尤其重要。

除了情态词使用过去时，一些违实条件句在前件小句中也有过去时语素，另一些则有过去完成体语素。例如：

（2）　a. She doesn't love him. If she loved him, she wouldn't marry him.

　　　　b. She didn't smile at him. If she had smiled at him, he would have smiled back.

从表面上看，例（2a）中前件小句的动词含有过去时语素，例（2b）中的是过去完成体语素。然而，典型的过去时和过去完成体的意义在例（2）中并不存在。例（2a）中的前件小句是对说话时刻的假设（在说话时刻，说话人认为，她并不爱他），而不是过去某个时间也已发生的事实或已然存在的情状。例（2b）中的前件小句也缺少过去完成体典型的"过去的过去"这个含义。以下例句能够更清楚地说明这一点。

（3）a. She finally decided to kiss him yesterday. If she had kissed him tomorrow, he would have been very confused.

b. I am sure she is arriving today. If she arrived next week, she would have sent us an e-mail.

尽管以上两例中有过去时和过去完成体语素，前件小句都是对将来时间的推测（而不是指"过去的过去"），例句中的 tomorrow 和 next week 清晰地表明了这一点。

哲学家们无视这种时态上的差别，用"语气"来解释这些现象，他们把这些句子称为"虚拟条件句"[①]（Chisholm, 1946；Anderson, 1951）。语言学家们的观点也不一致。一些语言学家建议，在违实条件句中，我们只需要关注情态一致（modal agreement），不用关心时态问题（Heim, 1992；Fintel, 2001；Kratzer, 2012）。有人认为，违实条件句中存在虚拟特征（subjunctive features）和时态特征（Portner, 1992）。还有学者只关注时态和时间关系，不考虑虚拟语气的问题（Iatridou, 2000；Ippolito, 2003；Condoravdi, 2001）。

从理论统一性的角度看，将例（2）中的语素看作过去时语素更为合理，把它们划分为两个不同的范式（过去时和虚拟语气）是最后的选择，这种二分法不符合人们的常识。还有一条有力的证据是，在其他语言（如意大利语）的违实条件句中，虚拟语气语素和过去时语素会同时出现在前件中[②]。

时态与前件小句关系紧密，违实条件句中出现的过去时是真正意

---

① 有少数的哲学家也关注到了时态问题，如 Dudman（1984）和 Bennett（1984, 2003）等。

② 在意大利语中，虚拟语气语素用完整体标记。有关意大利语的违实条件句，可参考 Bonomi（1997）。

义上的过去时。在 would 条件句中，过去时对应于情态词 would。过去时成分统治（c - command）情态词，导致情态词拥有过去时语素。句子结构可分析如下：

（4）

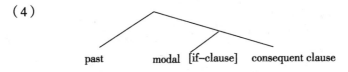

past　　　modal [if-clause]　consequent clause

第二节　If 小句中的时态语素

本节主要讨论以下两个问题：第一，If 小句中过去时语素如何解读；第二，If 小句如何表达非过去事件（non - past event）。

（5）a. If she lived in California, she would be tanned.

　　b. If she smiled at him, he would smile back.

例（5）中的两个 If 小句并不表述事件发生在过去某个时间，因此，小句没有真正意义上的过去时态。例（5a）可以理解为，在说话时刻，说话人对"她是否住在加州"做出猜测，例（5b）可以理解为说话人对未来可能发生的事件做出猜测。时态语素显然与前件小句中过去时的指示性解读不合，因为前件小句的事件并不是发生在过去。例（6）更清楚地说明了这一点：

（6）a. She kissed him yesterday. If she had kissed him tomorrow instead, he would have been confused.

　　b. I am sure he is arriving today. If she arrived next week, she would have sent us an email.

If 小句中的将来时间状语清晰地表明，前件小句是对未来事件的猜测。

根据时态指称理论，时态是指时间的间隔（temporal intervals），其功能与时间代词类似。过去时语素既可以解读为指称性的过去时态，也可以解读为一种变量（variable）。指称性的过去时态指代某个语境凸显的过去时间。

（7）$[[past]]^c = t$，t 为凸显的过去时间

例如，

（8）A：What happened then?

B：She laughed.

在例（8）中，B 的回答包含的过去时语素定义一个凸显的过去时段，"笑"这个事件包括在该时间段内。

在时态序列（sequence of time）的语境中，时态语素的作用只是复制句法树上占位更高的时态（higher tense）的特征（Enç，1987；Stowell，1995；Ogihara，1996；Kratzer，1998）。在该语境下，时态语素没有指示性解读。例如，

（9）She said that she loved him.

例（9）中内嵌句的动词包含过去时语素，但是其时间解读却是与现在及将来时间交叠。主句动词将说话事件定位于过去，而内嵌句中时态语素的解读则依赖主句的时态。内嵌时态的语素特征仅仅是复制占位更高的时态的特征。复制的时态特征可以解读为一个时间变量，形式化表达为：

（10）$[[t_1]]^g = g(t_1) = t_1$

根据例（10），时态变量只是一个任意的时间段，该时间段的值由赋值函数 g（assignment function）指派给该变量。

我们的观点是，前件小句中的时态是一个变量（variable），前件小句中的时态只是时态序列中的一个组成部分。其时态表现为过去时语素的原因是，它传承了句法占位更高的过去时态的形态特征，成分统制情态词。前件小句中的时态特征是一致（agreement）操作的结果，类似时态序列中的时态特征。

从语义的角度分析，前件小句指示时间特征，小句中的时态是一个由 λ-算子约束的变量，时间特征是情态的第一个论元。例如，

（11）If she kissed him, he would kiss her back.

例（11）中前件小句的解读为：

（12）$[[If she kissed him]] = \lambda t \lambda w [she kissed him at t in w]$

前件小句指示的是一个时间特征，该特征在某一时间段及某一世界中的取值为真，若该时间段包括"他在那个世界中亲吻她"这个事件。

例（12）是前件小句的解读。我们认为，是情态词使得前件小句中的时间向将来转换。情态词与前件小句所指示的是时间特征的结合（combination of temporal features），这种结合使得 if 小句中的时间特征包含非过去因素。因此，前件小句中的时间无须进行 λ‐抽象，与前件小句对应的命题可以改写如下：

（13）λw［she kissed him at t in w］，t 指代某个非过去的时间

命题（13）的解读为：事件命题 she kissed him at t in w 在某个世界中的取值为真，若存在一个亲吻事件，该事件发生在说话时刻之后。该解读与例（11）中前件小句的解读一致。

第三节　Would 条件句的从物模态分析

在以上两节，我们提出应重视违实条件句中的过去时语素，并特别关注在评估相似性时，过去时所起的作用。我们在本节提出，would 条件句对过去时做出了从物模态的解释。

一　个体间的对应体关系

根据 Lewis（1986），个体是可能世界的组成部分。作为可能世界的组成部分，个体仅能够在一个世界找到，一个个体不可能是两个或多个世界的组成部分。

在日常生活中，我们常会谈到某个真实世界的个体可能会不同。例如，如果他去年考上了大学，那么他现在一定是坐在教室里听课，而不是满大街地跑推销。若 Lewis 的观点是正确的，真实世界的个体只能存在于真实世界之中，那我们如何才能理解这种不同于真实世界个体的情况？

Lewis（1986）认为，这种不同于真实世界个体的情况应该用个

体对应体（counterparts）的非情态方式（non－modal way）表达。我们谈到某个真实世界的个体可能会不同，就是谈论存在于另一世界的某一个另外的个体，该个体是真实世界个体的对应体，不同于真实世界的个体。对个体情态性的表述就是对个体对应体的非情态性表述。

对真实世界个体的情态性表述就是对个体的从物模态（de re）的情态表述。从物模态的情态表述（de re modal claim）就是对个体对应体的非情态性表述。例如，

（14）The winner of the last presidential elections could have lost.

根据 Lewis 的理论，例（14）的解读为，该命题取值为真，当且仅当，真实世界获胜者的个体对应体在某个可能的世界中具有非情态的特征 losing。名词短语的描述性内容不在情态表述之内。也就是说，例（14）并没有以下意义：在某个可能世界中，该可能世界的获胜者在该可能世界中具有 losing 的特征。描述性内容所起的作用是识别真实世界中个体的身份。

不同世界个体的对应体之间的关系依赖相似性。两个个体只有具有足够的相似性，才能被认定为是彼此的对应体。一个个体的对应体是另一个个体，该个体可能是我们正在谈论的真实世界的某个人。

相似性关系依赖话语语境。两个个体是否能够被认定为彼此的对应体，应由两者的相似性程度决定，该相似性程度与不同的参数相关。例如，例（14）取值为真，当且仅当我们在另一个可能世界中找到某个个体，我们认为该个体与真实世界的获胜者具有足够的相似性，这种相似性使得该个体能够被视为真实世界获胜者的对应体，且该个体失败了。例如，真实世界中的个体具有以下特征：1）赢得了最终的选举；2）有一头褐色的头发；3）养了一条狗；4）是共和党成员，等等。另一可能世界中的个体具有以下特征：1）最终选举落败；2）有一头褐色的头发；3）养了一条狗；4）是共和党成员，等等。在此语境下，我们将这一可能世界中的个体视为真实世界中个体的对应体。分析可见，该个体除了选举结果不同于真实世界的个体外，其他所有特征都完全一致。若我们找不到合适的对应体，我们就

可以将该情态表述判定为假。例如，

  （15）The winner of the last presidential election could have been veg-
    an.

  若我们对总统选举的真实获胜者做从物模态的理解，那么，例
（15）为真的条件是，当且仅当我们能够在另一可能世界中找到某一
个素食主义者，他与总统选举的真实获胜者具有足够的相似性，并被
视为其对应体①。

  假设真实世界的获胜者是屠宰业的坚定支持者，而政治观点相同
是判断相似性的重要标准。那么，要成为真实世界个体的对应体，可
能世界中的个体必须要在支持屠宰业上与真实世界的个体相同，而不
是是否为素食主义者。

  假设存在一个真实世界和两个可能世界。真实世界的个体具有以
下特征：1）是总统；2）是共和党人；3）不是素食主义者；4）有
一头褐色的头发。可能世界 1 中的个体具有以下特征：1）是总统；
2）是共和党人；3）不是素食主义者；4）有一头黑色的头发。可能
世界 2 中的个体具有以下特征：1）是总统；2）是共和党人；3）是
素食主义者；4）有一头褐色的头发。与真实世界的个体相比，可能
世界 1 中的个体在相似度上要高于可能世界 2 中的个体。因此，可能
世界 1 中的个体是真实世界个体的对应体。根据对相似性的语境要
求，在此情形下，我们并没有素食主义者的对应体，因此，例（15）
的取值为假。

二　对过去的模态分析

  我们在使用 would 条件句时，主要是对以下情形做出假设：如果
小句命题所表述的事件发生了变化，那么，该事件造成的结果会怎么
样？小句命题所表述的事件指的究竟是什么事件呢？我们的答案是，

---

  ① 我们对例（15）不做从言模态（de dicto modal claim）的理解。从言模态的理解是，
在某个可能世界中，任何一个赢得选举的人都是素食主义者。

发生在过去某个时间的事件。我们使用 would 条件句就是对过去时做出从物模态的分析。

我们生活在自己的世界中，生活在历史中某个特定的时间段上。我们把"现在"界定为目前的时间段（now），该时间段之前的那一部分世界我们称之为"过去"（the past），之后的那一部分世界我们称之为"将来"（the future）①。

would 条件句的语义是，若真实世界的过去不同于已然的过去，情况会是个什么样子？我们认为，该意义可以用以下模式概括：若"过去"发生在具有某个特定特征 X 的时间点之前，它同样也会出现在具有某个特定特征 Y（X 不等于 Y）的时间点之前。"过去"的概念在解释过去时语素的出现以及相似性评估方面具有重要作用。例如，

（16）She doesn't love him. If she loved him, she wouldn't marry him.

例（16）是一个违实条件句。"She loves him"这个假设与真实世界的事实相悖。然而，这似乎是对"现在"的假设，为什么说条件句是关于"过去"的？

我们认为，条件句之所以是关于"过去"，是由条件句的语义决定的，即若真实世界的过去不同于已然的过去，情况会是个什么样子。若"过去"的情况是"She loves him"，那么就会导致"She won't marry him"。换言之，若"过去"发生在具有某个特定特征"She loves him"的时间点之前，它同样也会出现在具有某个特定特征"She won't marry him"的时间点之前。

例（16）的条件句是对"过去"做出违实的从物模态分析。真实世界的过去并不会真正引发这样一个时间点，该时间点具有"She loves him"这一特征。因为，真实世界的过去自身并不具备该特征。那么，我们该如何理解这个不同于真实过去的"过去"呢？真实世

---

① 此处为形而上的假设（metaphysical assumption）：过去、现在和将来都是一种存在，"现在"并没有本体论上的特别之处。

界的过去是真实世界的一部分，它不从属于其他世界。从这个意义上说，它类似于普通的个体。对"过去"的模态分析必然用到对应体概念，等同于对普通个体的模态分析。

为了对真实世界的过去做出从物模态假设，我们需要在世界集合中寻找"过去"的对应体，该世界集合是前件条件句命题在世界中取值为真的、所有的世界构成的集合。就例（16）而言，该世界集合也就是具有"She loves him"特征的所有世界。要计算出 would 条件句的真值，我们需要核查，在这些世界中，条件句例（16）的后件小句是否为真。在所有的对应体关系中，相似性在如何识别其他世界的"过去"上起着决定作用。

以例（16）为例，条件句的语义可以阐述为：世界 A 与世界 B 是相同的世界，在世界 A 中，真实世界"过去"的对应体（世界 A 中的"过去"）处于具有特征"She loves him"的时间点之前，且在世界 B 中，存在事件"She hasn't married him"。

根据我们的解释，情态算子占世界 A 的宽域。量词辖域可以包括不同于真实世界"过去"的其他世界（即可能世界）。对应体关系的弹性特征将最终解释为什么我们要使用过去时来解读违实现象。我们寻找类似于真实世界"过去"的"过去"，而对应体的概念则允许一定差异的存在。

将 would 条件句视为对"过去"的模态分析有以下几个优越性：第一，它解释了为什么过去的事实如此重要；第二，它解释了过去时语素为什么存在；第三，它解释了为什么我们可以用条件句表达偏离真实世界的可能事件。我们必须将量词辖域限定在与真实世界对等的其他世界内，而对相似性的弱制约是对应体关系存在的基础。

三　对条件句的综合分析

我们在前文中提出，would 条件句的前件小句没有指示性的时态。前件小句中的时态是抽象的时态变量，指称时间特征，是情态的首论元。同时，存在一个真正的过去时时态，该时态成分统制情态词，通过相似性关系将条件句的解读与真实世界联系到一起。我们可以用以下公式表明这种关系①：

(17) $[[M - t_i]]^g$：$\lambda P_{<i, <s,t>>} \lambda Q_{<i, <s,t>>} \lambda t \forall w [t < w \& P (g(t_i))(w) \rightarrow Q(g(t_i))(w)]$

g 为赋值函数，g(t_i) 限于非过去时间

根据例 (17)，情态词带有时间标记，指称非过去的时间。情态词的前两个论元为时间的两个特征，情态词将对这两个特征的评估转移到某个凸显的非过去时间。这样，对应于前件小句和后件小句的命题就是对非过去时间所发生的事件的陈述。

情态词之上的过去时不能作为时间参数为前件小句和后件小句提供时间特征，时间参数来自情态词自带的时间标记。情态词凸显的时间论元是过去时时态。根据例 (17)，情态词的时间论元具有限制量词辖域的作用：情态词的辖域范围是所有的可能世界，这些可能世界的时间论元都具有部分关系（part - of relations）的特征。

时态被识解为组成世界的时间部分，这样就能够将世界按时间切分为一片片的组成部分。真实世界的过去时时态指称 $past_0$（真实世界的过去部分）。

例 (17) 中的 ＜号指代部分关系。情态词 would 的辖域范围包含"过去"的世界，即"过去"是这些世界的组成部分。真实世界的过去 $past_0$ 是另一可能世界的一部分，当且仅当该可能世界的"过去"在足够多的方面与 $past_0$ 匹配，即真实世界的过去在另一可能世界中有与之对应的对应体。因此，对任意的世界 w'，命题 $past_0 < w'$ 为真，当且仅当存在 $past_0$ 的对应体 $past_0'$，且 $past_0'$ 是 w' 的一部分。要使真实世界的过去成为另一可能世界的一部分，就需要对真实世界的过去片段做出情态分析。所有的情态都是对世界片段的阐释，因此，我们可以用对应体对它进行解释。

---

① 例 (17) 中，M 表示情态词，P 为违实条件句前件，Q 为违实条件句后件，t_i 为过去时间，＜为部分关系。

根据例（17），情态与对应于过去时时态的时间片段结合，使命题取值为真，当且仅当所有包含真实世界的"过去"，且前件小句命题为真的世界同时也是后件小句命题为真的世界。情态占包含真实世界对应体的可能世界的宽域。基于此，我们认为，过去时时态影响情态可及的世界（worlds accessible to the modal）的本质。

（18）

$$\text{past}$$

$$\text{modal}_{[\text{if she loved him}]} \quad \text{she not marry him}$$

（19）If she loved him, she wouldn't marry him.

例（19）前件的语义为：

（20）[[if she loved him]] = $\lambda t \lambda w$ [she – loved – him at t in w]

若 t 为非过去时间，则

（21）[[if she loved him, she wouldn't marry him]] ^{w0} = 1 当且仅当

$\forall w$ [[$\text{past}_0 < w$ & she – loved – him at t in w] → [not she – marries – him at t in w]]

根据例（21），例（16）的取值为真的条件是，当且仅当包含真实世界过去 past_0 的对应体 past_0'，且前件命题 she loved him 为真的所有可能世界，同时也是使后件命题 she does not marry him 为真的可能世界。

情态词的量化域由可能世界构成。能够进入情态词量化域的可能世界具有以下特点：第一，可能世界包含真实世界"过去"的对应体；第二，对应体由语境相关的相似性关系决定；第三，前件小句在可能世界中为真。我们的观点与 Lewis – Stalnaker 的观点不同，后者认为，组成情态词量化域的可能世界是与真实世界最相似的可能世界，前件小句在这些可能世界中的取值为真。

假设我们要确定 would 条件句"if A, would B"的语义。根据 Lewis – Stalnaker 的分析，情态词的量化域由 A 为真的、与真实世界最相似的可能世界构成。无论语境凸显的相似性关系是什么，总会有一些这样的世界。条件句的真值完全由这些世界中后件小句的真值

决定。

我们提出的方案会有不同的结果。我们认为，语境凸显的相似性关系决定如何才能成为真实世界"过去"的对应体。情态词的量化域由包含对应体的，且前件小句命题为真的可能世界组成。

与违实推理相关的相似性关系并非真正普通的相似性关系。在一些情形下，我们很难判断，为什么某个选择比其他选择更接近于真实世界，或与其他选择同样接近于真实世界。我们的处理方法稍稍改变了这个问题。它不再是找到最接近于真实世界的可能世界这个问题，而是找到具有足够相似性的可能世界的问题。要证明某个世界处于情态词的量化范围之内，我们无须说明该世界是前件命题为真的、最接近于真实世界的可能世界集合中的一员。我们只需说明，它与真实世界具有足够的相似性（在"过去"这一点上），这就能够将该世界纳入情态词的量化范围之内。

第四节　相似性的判定

在可能世界语义学架构内，相似性是学者们提及最多的术语。那么，如何判定相似性才是合理的？学者们还没有形成一致的看法。

一　Lewis 的制约条件

Lewis 认为，与违实条件句评估相关的相似性概念应受以下四条制约条件的限制，这些制约条件在判定哪些可能世界能够成为情态词量化范围的成员上起着重要作用（Lewis，1986）。

（22）Lewis 的相似性判定制约条件

1）第一重要原则，避免对法则程度大、范围广、样数多的违反；

2）第二重要原则，时空域最大化以确保特定事实的完全搭配；

3）第三重要原则，避免对法则细小、局部、简单的违反；

4）确保与特定的事实无限接近没重要性或意义很小，即使是和我们最相关的事情也是如此。

这些制约条件并没有把"过去"单列出来并赋予其特殊的重要性。然而，制约条件的交互作用却是，当在真实世界中评估一个违实条件句，情态词量化域内的可能世界最终会与真实世界的"过去"相似。我们最感兴趣的是制约条件 2，该制约条件在 Lewis 驳斥 Fine 的反例时有着重要作用。以下是 Fine 的例句 [例（1），重写为例（23）]：

(23) If Nixon had pushed the button, there would have been a nuclear holocaust.

Fine（1975）指出，在尼克松按下按钮几秒钟前，有人切断电缆而没发生核爆炸的世界，从本能上说，似乎比以下世界更接近真实世界：在该世界中，电缆保持原样，核爆炸发生。那么，这些世界是如何被排除在情态词量化范围之外的？

根据 Lewis 的判断，相似性关系使时空匹配真实世界。情态词的量化范围由最匹配真实世界时空的可能世界构成（制约条件 1）。与核爆炸发生的世界相比，有人切断电缆而没发生核爆炸的世界在与真实世界的时空匹配上，其偏离程度要小一些，电缆被切断只是在早期不同于真实世界。试对比：

(24)

	t''	t	t'
w_0	电缆没被切断	没按按钮	无核爆炸
w_1	电缆没被切断	按按钮	有核爆炸
w_2	电缆被切断	按按钮	无核爆炸

与 w_1 相比，w_2 更接近于真实世界 w_0，因为两个世界中都没有核爆炸发生。Lewis 认为，尽管 w_2 与真实世界相似，然而它并不能完美匹配真实世界的情形。w_2 应该被排除在情态词量化范围之外，因为，与电缆没被切断的世界相比，它们的相似性要更少一些（时空匹配的范围要更小一些）。

时空最大匹配制约条件能够很好地解决 Fine 所提出的反例。该制约条件为我们提供了清晰的思路，说明了什么才是"在'过去'方面相似"：情态词量化范围的成员必须是尽可能匹配真实世界"过去"的可能世界，这也就意味着，在时间上，可能世界的过去必须尽可能长地匹配真实世界的过去。

二　延宕发生原则

Slote 对 Lewis 的制约条件提出了质疑（Slote，1978）。受其影响，我们认为，我们并非总是要去寻找与真实世界的过去匹配尽可能长的可能世界的过去。Slote 的例子告诉我们，我们无须寻找满足前件的、最接近于真实世界的可能世界，而只需要寻找那些具有足够相似性的可能世界。相似性足够与否会因后件的变化而变化。

Slote 反对 Lewis 的制约条件是因为，这些制约条件似乎预测，偏离真实世界的情况应越晚发生越好。例如，

（25）If Nixon had pushed the button, it would have happened to-
wards the end of his presidency.

Lewis 的制约条件预测，像例（25）这样的例句应该自然为真。这是因为，时空匹配最大化原则要求偏离真实世界的事件尽可能地晚发生。情态词的量化域由以下世界构成，在这些世界中，尼克松在总统任职期快满之前按下按钮。

然而，我们并不认为例（25）自然为真。前件小句事件应该在一个可能的时间范围内发生。本能上而言，这些时间就是事件可能发生的时间。

这些例子告诉我们，我们关注的其实并不是最相似的世界，而是那些足够相似的世界。假设某个世界中，尼克松在星期三按下了按钮。我们要问，这个世界的过去和真实世界的过去是否具有足够的相似性，该相似性能够让它成为真实世界过去的对应体。若答案是肯定的，则该世界进入量词辖域。若存在另一不同的世界，在该世界中，尼克松星期四按下了按钮。我们问自己相同的问题。同样，若答案是肯定的，则该世界也进入量词辖域。

　　Slote 的例子是有关事件时间的。然而，相似性参数的问题不仅仅是限于时间。Kratzer（1989）就讨论了"斑马"问题（以下为笔者译）：

　　试考虑以下场景：去年，一匹斑马从汉堡动物园出逃。因为一名动物园的饲养员粗心大意，忘了关闭笼门。笼子里关着的是斑马、长颈鹿和羚羊。一匹斑马想出逃并且成功了，而其他动物则更喜欢待在笼子里。如果我们做一个违实的假设，某只其他动物跑了。它会是另一匹斑马吗？不一定。我想，它有可能是一头长颈鹿或是一只羚羊。然而，若违实条件句的相似性理论是正确的，我们期待的是，其他条件同等的情况下，与事实出逃的动物相似在评估违实推理上起着重要作用。若笼子里的所有动物都有相同的机会出逃，那么，另一不同动物出逃且与我们的世界最相似的世界就是另一匹斑马出逃的世界。根据相似性理论，以下例句中的违实性在我们的世界中应取值为假：

　　If a different animal had escaped instead, it might have been a gazelle.

　　然而，我在上述给定的语境中说出这句话时，我并不认为我说的话是错的。事实上，在这个案例中，与真正出逃动物的总体相似性和违实推理无关。违实推理中的相似性并不是我们日常生活中的相似性概念。它是一种特别类型的相似性。

　　Kratzer（1989）的例子表明，我们并不关注与真实世界出逃动物的具体相似性。当我们对另一可能的出逃动物做出假设时，所有的有可能出逃的动物都应该轮流考虑。与真实世界相比，具有足够相似性的、另一动物出逃的"过去"才与违实推理相关。

　　尼克松的例子与 Kratzer 的斑马案例类似。在尼克松的例子上，我们要考虑的是尼克松按下按钮这一事件可能发生的时间范围，而在斑马案例上，我们考虑的是出逃动物类型的范围。在两个案例中，我们必须预留出某个相似性参数以方便确定选择范围。那么，为什么要确定选择范围，而不用更严格的相似性概念限定量化范围？

　　在 Kratzer 的斑马案例中，无定冠词的作用巨大。"a different animal"给我们的是整个选择范围（一只羚羊、一头水牛等）。我们应该严格关注不定词短语。然而，不定词短语的出现并不是确定选择范围的必要条件①。主要是因为 would 条件句的性质：would 条件句阐述的事件可能会在方式和地点上不同。尽管人们很容易将方式和地点视为事件的参数，然而在句法上他们并不能作为论元出现。如果作为论元出现的不定词短语对排除严格相似性作用巨大，那么，我们就不会期待有关方式和地点的 would 条件句引发一个大范围的选择区域。即使在这种情况下，我们也倾向于忽视严格相似性，而考虑选择范围。以下是有关方式的例子：

（26）Jim and Jack danced very romantically all night. If Jim had

　　　danced with Joe, he would have danced very romantically too.

我们不会将例（26）视为自然真。当我们考虑另一个舞蹈事件，即 Jim 和 Joe 作为参与者的舞蹈事件时，我们不会自然而然地假设跳舞的方式和真实世界的方式（very romantically）一致。Jim 在真实世界里和一个人跳舞跳得很浪漫，并不意味着他和另一个人也会跳得很浪漫。

从例（26）可以看出，相似性原则对事件方式并不是必然敏感。相反，我们会考虑一个方式范围。在这个例子中，并没有无定的方式论元。以下是地点的例子：

（27）Jim has spent the evening dancing with Jack by the fireplace. If

　　　Jim had danced with Joe, he would have danced by the fire-

---

① 有的时候，真实世界的事实自身就可以起到确定选择范围的作用。假设动物饲养员把关着斑马和羚羊的笼子门打开了。斑马出逃了，而羚羊则待在原处。再假设动物园里还有狮子、鬣狗和老虎，而饲养员并没有忘记给这些动物的笼子锁上门。那么，A：Thank God that only a zebra escaped. If a different animal had escaped instead, people could have been attacked. B：No, if a different animal had escaped instead, it would have been a gazelle. So, if a different animal had escaped instead, people would not have been attacked. B 对 A 条件句的否定以以下事实为基础：动物园里虽然关着猛兽，但饲养员把关猛兽的笼子给锁了。因此，B 否定的是一种可能性，即饲养员忘记锁另外任意一个笼子的笼子门。与真实世界事实（虽然饲养员的忘性大，但他没有忘记锁好其他动物的笼子）的相似性压倒了将动物园所有动物都划为选择范围的可能性。

place too.

例（27）中的违实句可能为真可能为假。条件句的取值并非仅仅源自 Jim 和 Jack 在壁炉边跳舞这一事实。情态词的量化域并不是由以下世界构成：在这些世界中，跳舞发生的地点与真实世界中的地点一样。与地点的相似性似乎与条件句的取值无关。

我们的结论是，情态词的量化域包括一个可能性范围，这些可能性与真实世界的相关选项具有足够的相似性。也就是说，它们的"过去"和真实世界具有足够的相似性。与真实世界的差异并不依存前件小句中出现的不定词短语。

三　声明与假设

我们拟接受为真的声明与我们打算处理的假设是两个不同的概念。在前两节，我们考察了后件对事件的参与者、时间、地点以及方式进行推测的例子。与这些参数的相似性并不能绝对判定哪些世界能够进入情态词的量化范围。与以上参数不同的可能性依然能够有足够的相似性，从而让涵括这些参数的可能世界进入情态词的量化域。如果相似性是假设性的而非直言的，那么，它对于包含其的可能世界进入情态词的量化域的作用更为明显。例如，

（28）Jim has spent the evening dancing with Jack by the fireplace. We speculate on what would have happened if instead Jim had danced with Joe（who is allergic to smoke）.

If Jim had danced with Joe instead, Joe would have complained about the smoke.

由于例（28）中的情境"Joe is allergic to smoke"，因此，我们倾向于将它判定为真。该判定反映的是，情态词的量化域由可能世界构成，在这些可能世界中，Jim 和 Joe 在壁炉边跳舞。在这个例子中，相似性对跳舞事件在真实世界中的地点敏感。考虑到和其他人跳舞的另外的场景，跳舞的地点与真实世界相同。

地点敏感相似性能够被其他因素覆盖。例如，

（29）A：It's a good thing that Jim danced with Jack. If he had danced with Joe instead, Joe would have complained about the smoke.

B：No, if Jim had danced with Joe, he wouldn't have danced by the fireplace. So, if Jim had danced with Joe, Joe wouldn't have complained about the smoke.

同样，方式敏感相似性也能够被其他因素覆盖。

（30）Jim is slow dancing with his sister. Present at the party is also Joe, Jim's ex, and Jack, Jim's current interest.

A：It's a good thing Jim is dancing with his sister. If he had been dancing with Joe, Jack would have been jealous.

B：No, if Jim had been dancing with Joe, he wouldn't have been dancing like that. So, even if Jim had been dancing with Joe, Jack wouldn't have been jealous.

从以上例句可以看出，在判定违实条件句的真值时，地点相似性和方式相似性都只是作为一种假设在起作用。如果后件的情况是，只有符合该相似性，条件句才能取值为真，那么，该相似性才能影响条件句真值的判定。

四　后件对相似性关系的影响

在本节，我们讨论条件句后件对相似性的影响。本节中的相似性是指可能世界中的"过去"与真实世界中的"过去"之间存在的相似性。例如，

（31）If Susan hadn't been born, the world would be a better place.

例（31）的含义是，对任何能够使世界变得美好的东西，Susan的不存在是其中一个。例（31）的外延依赖量化范围中无Susan的世界类型。Susan没有出生这一事件有可能发生在许多不同于真实世界的可能世界中。这些可能世界可以是包含以下事件的任意一个世界：1）中世纪发生毁灭人类的灾难的世界；2）Susan的父母那晚没有亲

热或亲热后 Susan 的母亲没有怀孕的世界；3）Susan 的父母从未碰面的世界；4）Susan 的母亲在孕期去世的世界；5）Susan 的母亲流产的世界；6）另一个比 Susan 更好的女孩 Mary 出生的世界；7）另一个比 Susan 更糟的女孩 Katy 出生的世界等。

在判断例（31）的真值时，有些类型的世界是无关的。类型 1）就与例（31）的取值无关。Lewis - Stalnaker 的分析将它们排除在外，是因为它们与真实世界的差别太大，不能作为"最相似"可能世界的成员。我们认为，这些可能世界的"过去"不是真实世界"过去"的对应体，因此不能进入情态词的量化域。

我们在判定例（31）为真时，考虑的是与真实世界非常相似的可能世界，真实世界与可能世界这两者的差异非常小，发生在可能世界中的事件与真实世界中的事件具有语境相关性。我们可以将例（31）放到语篇中，说明哪种类型的差异与语境相关：

（32）Oh! I wish Susan's parents hadn't had sex that night! If Susan hadn't been born, the world would be a better place.

（33）Oh! I wish Susan's parents had had a different child! If Susan hadn't been born, the world would be a better place.

（34）Oh! I wish Susan's Mom had had an abortion! If Susan hadn't been born, the world would be a better place.

在我们判定例（31）时，语境能够让我们知道，哪些类型的差异是我们能够接受的。有些选择是不可接受的：

（35）Oh! I wish humanity had been destroyed by a plague in the Middle Ages! If Susan hadn't been born, the world would be a better place.

在有些情形下，我们的判断会出现模糊。假设 Susan 的父母从未见过面，这个可能世界的"过去"是否是真实世界"过去"的对应体呢？这些可能世界是否也在情态词的量化范围之内？

（36）Oh! I wish Susan's parents hadn't met! If Susan hadn't been born, the world would be a better place.

例（36）是否可以接受应受其他条件的制约。假如 Susan 是独生女，该可能世界的"过去"与真实世界的"过去"相同，差别只有一点，即 Susan 的父母从未见过面，且 Susan 没有出生。如果识别"过去"对应体的相似性关系判定，那些世界中的"过去"与真实世界的"过去"具有足够的相似性，可以成为后者的对应体，那么，那些世界就会在情态词的量化域之内。在上述情境中，Susan 是唯一的孩子，我们也倾向于接受例（36）。

假设 Susan 是多个孩子中的一个，她的兄弟姊妹比其他人都要表现得更好。在这种情况下，若量化域包括 Susan 的父母从未碰面的世界，那么，例（31）的取值很可能为假。然而，在这种情况下，相似性关系不会产出该量化域。要解决例（31）的问题，我们需要另一条相似性关系。若相似性关系选取可能世界 2）或 6），我们就可以将例（31）判定为真而例（36）为假。

以上案例说明，识别过去对应体的相似性关系与后件的内容相关。

五 过去的差异性

在本章第四节"一 Lewis 的制约条件"中，我们讨论了尼克松案例。Lewis 对相似性关系的制约条件将可能世界 w2 排除在情态词的量化范围以外。然而，对 Slote 案例的讨论让我们明白，延宕原则也不尽然是一个好的处理方案。在"四 后件对相似性关系的影响"中，我们可以看到，识别情态词量化域的相似性关系与后件的选择相关。在这里，我们将证明，后件的选择将影响我们是否容忍"过去"的早期变化。

在前文，我们对例（31）进行了讨论，情态词的量化范围包括可能世界 2）、3）等。这些就是"早期变化"。试比较以下例句：

（37）a. If Nixon had pushed the button, there would have been a nu-
clear holocaust.

b. If Nixon had pushed the button, he would have been amoron.

我们将两个条件句都判定为真。哪些类型的可能性是相关的？两个条件句中，情态词的量化范围是否涵括相同的可能世界？试考虑以下可能性：

> 在可能世界 w3 中，尼克松无意按下了按钮，电缆性能完好
> 在可能世界 w4 中，尼克松有意按下了按钮，电缆性能完好
> 在可能世界 w5 中，尼克松无意按下了按钮，有人切断了电缆
> 在可能世界 w6 中，尼克松有意按下了按钮，有人切断了电缆

可能世界 w3 至 w6 在"过去"这一维度是否与真实世界具有足够的相似性，从而被纳入例（37）情态词的量化范围？

后件的选择起着重要作用。就例（37a）而言，尼克松是有意还是无意按下的按钮与句子的真值无关，而无人切断电缆则与句子相关。若（37a）取值为真，则情态词量化域中的可能世界包括 w3 和 w4，w5 和 w6 则被排除在外。

例（37b）与例（37a）不同。当我们判定例（37b）为真，那么，是尼克松按下按钮的决定使他成为一个白痴。在他按下按钮之前是否有人切断了电缆与他是白痴与否无关。可能世界 w4 和 w6 进入情态词的量化范围。我们在此忽略了他无意按下按钮的可能性①。

以下两个对话中，例（38B）可以接受，例（39B）则不适宜（用#号表示）。是什么原因造成了例（38）与例（39）的差别？

（38）A：If Nixon had pushed the button, there would have been a nuclear holocaust.

B：No, no. Didn't you hear? Somebody cut the cable.

（39）A：If Nixon had pushed the button, he would have been a moron.

B：# No, no. Didn't you hear? Somebody cut the cable.

观察例（38）和例（39）这个最小对，我们发现，两者的区别

①　在说话人特意提醒时，这种无意按下按钮的可能性也可进入量化域之内。例如，A：If Nixon had pushed the button, he would have been a moron. B：Not really, he was so clumsy. He might have pushed the button accidently.

仅在于后件的不同。具体而言，在例（38）中，B 的回答与条件句 A
的语义对立，而例（39）则没有这种语义上的对立。我们的解释如
下：在例（38）中，A 假设，情态词的量化范围由可能世界构成，就
电缆状态而言，这些可能世界接近于真实世界的"过去"。A 相信，
无论是在可能世界还是在真实世界，电缆都没有被人切断。B 指出，
A 在真实世界电缆状态这一方面犯了错误。与真实世界电缆状态的相
似性作为例（38）中条件句真值的判定标准，A 的断言是错误的。例
（39）中 B 的回答不合时宜，是因为电缆状态与 A 的断言真假无关。
尼克松被认为是白痴，是因为他所做出的按下按钮的决定。例
（39A）中条件句的量化范围可以包括尼克松按下按钮前，电缆被人
切断的可能世界（只要尼克松不知道就行）。由于 B 的回答与条件句
A 的语义并不对立，这种不适宜性就出现了。

第五节 小结

　　本章的主要目的是对 would 条件句中过去时的解读做出解释。我
们认为，would 条件句是对过去的从物分析，该分析能够让我们更好
地了解过去时态的作用以及过去事件的重要性。引入"相关性"情
态表述，我们能够使 Lewis 的"对应体"概念与个体的跨界身份关
联。为了认识过去时在识别情态词量化域方面所起的作用，我们需要
"对应体"这个概念所提供的弹性特征。

　　要识别真实世界的过去在其他世界的对应体，我们需要条件句提
供信息。如果我们关注是否会出现核灾难，则我们不会考虑以下的可
能世界，在该世界中，尼克松按下按钮之前，就有人切断了电缆。如
果我们只关注尼克松的品行，则可能世界必须在情态词的量化范
围内。

　　本章的分析与 Lewis 形而上的分析并没有必要的关联。我们可以
反对 Lewis 形而上的可能世界观，而坚持基于"对应体"的从物情态
解读。也就是说，我们无须考虑可能世界的构成，仅用"对应体"

就可以对条件句做出情态解读。

参考文献

[1] Anderson, Alan. 1951. A Note on Subjunctive and Counterfactual Conditionals [J]. *Analysis* 12, 35 – 38.

[2] Bennett, Jonathan. 1984. Counterfactuals and Temporal Direction [J]. *The Philosophical Review* 93, 7 – 89.

[3] Bennett, Jonathan. 2003. *A Philosophical Guide to Conditionals* [M]. Oxford: Oxford University Press.

[4] Bonomi, Andrea. 1997. Aspect, Quantification and When – clauses in Italian [J]. *Linguistics and Philosophy* 20, 469 – 514.

[5] Chisholm, Roderick. 1946. The Contrary to Fact Conditional [J]. *Mind* 55, 289 – 307.

[6] Condoravdi, Cleo. 2001. Temporal Interpretation of Modals [A]. In David Beever, Stephan Kaufman and Brady Clark (eds.), *Stanford Papers in Semantics* [C], 157 – 184. Palo Alto: CSLI Publications.

[7] Dudman, Victor. 1984. Conditional Interpretation of If – sentences [J]. *Australian Journal of Linguistics* 4, 143 – 204. Heim, Irene. 1992. Presupposition Projection and the Semantics of Attitude Verbs [J]. *Journal of Semantics* 9, 183 – 221.

[8] Enc, Murvet. 1986. Towards a Referential Analysis of Temporal Expressions [J]. *Linguistics and Philosophy* 9, 405 – 426.

[9] Fine, Kit. 1975. Review of Lewis 1973 [J]. *Mind* 84, 451 – 458.

[10] Fintel, Kai. 2001. Counterfactuals in Dynamic Context [A]. In Michael Kenstowicz (ed.), *Ken Hale: A Life in Language* [C], 132 – 152. Cambridge: MIT Press.

[11] Iatridou, Sabine. 2000. The Grammatical Ingredients of Counterfactuality [J]. *Linguistic Inquiry* 31, 231 – 270.

[12] Ippolito, Michela. 2003. Presuppositions and Implicatures in Counter-factuals [J]. *Natural Language Semantics* 11, 145 – 186.

[13] Kratzer, Angelika. 1989. An investigation of the lumps of thought [J]. *Linguistics and Philosophy* 12, 607 – 653.

[14] Kratzer, Angelika. 1998. More Structural Analogies Between Pro-nouns and Tenses [A]. In Devon Strolovitch and Aaron Lawson (eds.), *Proceedings of SALT* Ⅷ [C]. 34 – 56. Ithaca: CLC Publi-cations.

[15] Kratzer, Angelika. 2012. *Modals and Conditionals* [M]. Oxford: Oxford University Press.

[16] Lewis, David. 1986. *On the Plurality of Worlds* [M]. Oxford: Basil Blackwell.

[17] Ogihara, Toshiyuki. 1996. *Tense, Attitudes and Scope* [M]. Kluwer Academic Publishers.

[18] Portner, Paul. 1992. Situation Theory and the Semantics of Proposi-tional Expressions [D]. PhD dissertation, University of Massachu-setts.

[19] Slote, Michael. 1978. Time in Counterfactuals [J]. *Philosophical Re-view* 7, 3 – 27.

[20] Stowell, Tim. 1995. The Phrase Structure of Tense [A]. In Johan Rooryck and Lori Zaring (eds.). *Phrase Structure and the Lexicon* [C], 46 – 87. Kluwer: Dordrecht.

第三章

过去时在违实条件句中的作用

对于违实条件句与过去时语素之间的关系，其他学者也有所涉及。我们在本章着重讨论 Iatridou（2000）和 Condoravdi（2001）的提案。两者都认为，在 would 条件句中，存在真正的过去时语素。

第一节　作为排他性的过去时

Iatridou（2000）讨论了违实语境中过去时语素的解读。她认为，时态语素提供的信息依语境不同而不同。有时，时态提供的是事件时间方位的信息，有时是事件世界方位的信息。Iatridou 的提案就是，过去时语素具有一个单一的模糊意义，该模糊意义与区别性的解读范围（时间与世界）交互作用，从而导致句子的解读意义不同。

Iatridou 的提案实际上就是将过去时间的"距离性"与其他世界的"距离性"这两者有机地连接在了一起。Palmer（1986）认为，这种过去时态与语气之间的关系，并不是那么理想①。

通过对比分析不同语言的时态，Iatridou 认为，would 条件句中的过去时不能只看作语气一致语素（Mood Agreement Morphology）。

---

① Palmer 的观点是，尽管人们已经意识到了过去时与非现实性之间的关系，然而，其具体解释却是循环论证。例如，Joos（1964）认为，过去时与非现实性这两者的共同特征是距离性，前者是指时间上的距离性，后者是现实上的距离性。James（1982）使用的是现实上的距离性（Remoteness from Reality），而 Langacker（1978）则使用"远距离"（distal）这一术语。这些解释只不过是给两个完全不同的意义贴上一个单一的标签，并没有新信息。

一　违实结构中的过去时语素分析

Iatridou（2000）对不同类型的违实结构进行分析，重点在违实条件句方面。她指出，尽管绝大部分语料来源于希腊语，过去时语素仍能够在许多语言的违实条件句中找到。

像英语一样，现代希腊语中的过去违实条件句中，前件小句是过去完成体语素。

（1）An iχte pari to siropi θa iχte γtni kala

If had taken the syrup FUT had become better

If he had taken the syrup, he would have gotten better.

例（1）为过去违实条件句，其中有部分意义为，说话人相信，病人在过去的某个时间没有喝糖浆。以下的两个条件句则没有该意义：

（2）An pari afto to siropi θa γtni kala

If take/NPST/PRF this syrup FUT become/NPST/PRF well

If he takes this syrup, he will get better.

（3）An eperne afto to siropi θa γtnotan kala

If take/PST/IMPRF this syrup FUT become/PST/IMPRF well

If he took this syrup, he would get better.

例（2）和例（3）都是有可能实现的，即说话人所说的话语仍有可能发生。这些句子可以是医生对照顾病人的护理人员所说的话。例（2）用的是非过去已然体，例（3）是过去未然体。选择这两种不同体的原因是，说话人对条件句前件的认识不同。如果说话人认为病人喝糖浆的可能性很小，那么，他会选择例（3）而不是例（2）。

Iatridou将包含过去未然体语素的将来条件句称为不活跃的将来条件句（Future Less Vivid Conditionals，简写为FLV），并认为该类型的条件句具有以下特征：

（4）不活跃的将来条件句

直陈（Assertion）：中性条件句"if p, q"的标准语义

蕴含（Implicature）：真实世界更有可能是非 p 世界而不是 p 世界

为了解释时体语素与违实意义之间的关系，Iatridou 假定，过去时语素具有一个单一的基本意义，该意义与区别性的解读范围交互作用，从而导致句子的解读意义不同。过去时语素能够给句子提供一个"框架意义"：

（5）T（x）excludes C（x）

T（x）代表话题，即我们正在谈论的某个变量 x，C（x）表示就我们所知，有关说话人的变量 x。过去时语素的基本意义就是"排他性"，即我们正在谈论的事情排除掉就我们所知、说话人的事情。该意义可以用到不同的域，若用于时态域，则导致过去时时态的解读，若用于情态域，则导致违实解读。

将例（5）用于时态域，我们可以得到例（6）：

（6）The topic time excludes the utterance time

由于时态只能是过去或现在（将来只是对时间的情态表达），而说话人存在于现在，因此，Iatridou 认为，例（6）能够派生出过去时语素的过去时解读。排除现在，剩下的就是过去。将例（5）用于可能世界，我们可以得到例（7）：

（7）The topic world excludes the utterance world

严格意义上说，例（7）不会产生违实性。Iatridou 的解释是，与过去未然体条件句相关联的违实性是蕴含，可以被删除掉①。假设我们正在谈论的世界是命题 p 为真的世界，则过去未然体的使用要求我们谈论的 p 世界不包含真实世界。

二　Iatridou 假设的优势与不足

Iatridou 提案的优势在于，它为时态语素的解读提供了一个统一的解释。大量的语言事实证明，过去时态和未然体在"违实"语境

---

① 有不少学者认为，条件句的违实性是会话隐含之义而不是直陈之义。因此，我们可以把违实性删除，句子也不会出现语义矛盾。

下（无论是条件句还是 wish 类型动词）起着重要作用。

Iatridou 提案的不足之处在于，它无法说明为什么情态解读会出现在受限的语境集合这一环境中。换言之，我们不清楚为什么时态语素有时限制时间变量，而在另外一些时候则限制世界变量，Iatridou 没有给出答案。

第二节　过去可能性

Condoravdi（2001）则认为，所谓的"违实"可能性就是发生在过去的可能性。该方案将"违实"可能性界定为曾经出现、然而当前却无法实现的可能性。她关注的重点是 HAVE 与情态之间的相关辖域。

Condoravdi（2001）并没有提出条件句解读的理论，她的方案主要是为了解释普通情态词的解读，而我们可以将这个方案扩展到条件句上来。

一　认识情态解读与违实情态解读

Condoravdi（2001）讨论的重点是与 HAVE 结合的认识情态解读与违实情态解读。该方案寻求对以下现象做出解释：

（8）a. He might have won the game.

b. He might have won the game. However, he didn't.

c. He might have won the game. We'll soon find out.

Condoravdi 认为，例（8a）中 might 与完成体的组合是有歧义的，它既可以是违实情态解读，也可以是认识情态解读。我们可以用例（8b）表示前者，例（8c）表示后者。Condoravdi 用以下句子概括了违实情态解读和认识情态解读：所谓违实情态解读，就是指某个可能性在过去可能实现；而认识情态解读就是指，就我们目前所了解的，某件事情可能发生在过去。

Condoravdi 的目标是，从情态与完成体的语义出发，以组合方式推导出相关的解读。她认为，完成体既可占情态的宽域也可占情态的窄域。辖域的选择与情态解读类型相关。若情态解读仅为认识型（epistemic），则完成体占情态的窄域。若情态解读有认识型和形而上（metaphysical）两种，则完成体占情态的宽域。

在认识型情态解读中，情态占完成体的宽域。Condoravdi 将这种情况表述如下[①]：

(9) PRES [MAY$_{MB}$ [PERF [he win the game]]]

上述表达的真值条件为：

(10) $\lambda w \exists w' \exists t' [w' \in MB (w, now) \& t' < (now, \_) \& \exists e [[he win] (w') (e) \& \iota (e, w') \subseteq t']]$

MB（w, now）是指在说话时刻，与评估世界相关联的情态基地决定的世界集合。情态基地决定量化可及的世界集合。在情态基地中，对世界的量化是存在类型的，因为我们要处理的是存在型情态词 might。$\exists e [[he win] (w') (e)]$ 是指我们对某个世界感兴趣，在这个世界中，存在一个 "he win" 的事件。$t' < (now, \_)$ 和 $\iota (e, w') \subseteq t'$ 表示，与说话时刻为参照点，有一个 "过去" 时段，在该时段里，事件具有时间流逝性。

根据例（10），例（9）展示的是一个命题，该命题在某个世界中取值为真，当且仅当，在说话时刻，情态基地中存在某一个世界，该世界包含一个在说话时刻以前发生的 "he win" 事件，该事件具有时间流逝的性质。

在违实解读中，完成体占情态的宽域。Condoravdi 的表述为：

(11) PRES [PERF [MAY$_{MB}$ [he win the game]]]

该表述的真值条件为：

(12) $\lambda w \exists w' \exists t' [t' < now \& w' \in MB (w, t') \& \exists e [[he win] (w') (e) \& \iota (e, w') \subseteq (t' \_)]]$

---

① MB 为 Modal Base 的首字母缩略，指代与情态相关的情态基地，该情态基地决定情态类型。

根据例（12），例（11）的含义为，存在一个命题，该命题在某个世界中取值为真，当且仅当，在过去某个时间，情态基地中存在某一个世界，该世界包含一个"he win"事件，事件发生在一个时间段内，该时间段的起点为过去某个时间点，终点为将来时间，事件在该时间段内具有时间流逝的性质。

由此可见，情态的不同辖域与情态的不同类型相关。Condoravdi认为，造成这一现象的原因在于可能性结构（structures of possibilities）的普遍特征，以及情态与情态基地联系的适宜条件（felicity condition）。

二 源自副词及其他语言的证据

Condoravdi以副词为依据，用来支撑其对"might have"结构所做的解构分析[①]。她提供的副词有 already，still 和 yet。与此同时，她还用德语来说明这种解构分析的正确性，因为德语在表层结构上就可以区分辖域关系。在本节，我们将以副词 already 为重点，综述 Condoravdi 的观点，另外，我们还将引用西班牙语的例句，说明该问题的复杂性[②]。

Condoravdi（2001）认为副词 already 与完成体兼容，与事件谓词不兼容。她给出了以下例句：

（13） a. ＊ He already returned.

b. He has already returned.

例（13）两句的对比可以解释为，副词 already 不能够适宜地（felicitously）占事件谓词的宽域，然而，它却可以占完成体的宽域。我们将例（13）的辖域关系表述如下：

（14） a. ＊ He already returned.

[①] "might have"结构的解构分析是指将"might have"结构分解为认识情态解读和形而上情态解读两类。

[②] Arregui（2007）分析了西班牙语的违实条件句，本章中的西班牙语例句都来源于她的著述。

　　　　　　∗ ALREADY〔he returned〕

　b. He has already returned.

　　　ALREADY〔PERFECT〔he returned〕〕

例（15）说明 already 不能够占情态词 might/may 的宽域：

（15）　∗ He may already win.

　　然而，一旦句子中既有情态词也有完成体，则 already 可以和事件谓词共现：

（16）a. He might/may have already returned.

　　　b. He might/may（∗already）return.

　　根据以上例句，Condoravdi 得出结论，（16a）类型的句子，情态词、副词和完成体之间的相关辖域应该为例（17）：

（17）MODAL〔ALREADY〔PERFECT〔he return〕〕〕

　　根据情态词和完成体的相关辖域，例（17）预测，already 只能与认识情态解读共现，与违实情态解读不相容。只有在完成体占情态词宽域的条件下，违实解读才能出现。

　　Condoravdi（2001）用德语的语言事实来支持自己的观点。在德语中，情态词和完成体的相关辖域在表层结构上有显性的差别：

（18）a. Er könnte schon gewonnen haben.

　　　He could already won have

　　　He might have already won.

　b. ∗ Er hätte schon gewinnen können.

　　　He had already won could

　　　He might have already won.

　　例（18a）只能够有认识情态解读，这是因为，情态词占完成体的宽域，而副词 already 的辖域在两者之间。例（18b）的情况是完成体占情态词的宽域，不允许副词 schon 出现。德语的语言事实证明了 Condoravdi 的观点：完成体占情态词的宽域时，违实解读才可能出现。

　　为了更好地理解 Condoravdi 的副词论，我们简单介绍一下副词 still。与 already 一样，still 不能够与事件谓词连用。但与 already 不同，它能够占情态词的宽域：

（19）He may still win.

不同于 already 的另一点是，它不能占完成体的宽域。例如，

（20）＊He has still won.

根据两者的区别，我们推断，在其他条件都相同的情况下，德语中的 still（noch）和 already（schon）在句法表现上也会有所差别。Condoravdi 提供的语言素材证明了这一点①：

（21）a. Er hätte noch gewinnen können.

　　　　He had still won could

　　　　He might still have won.

　　　b. ＊Er könnte noch gewonnen haben.

　　　　He could still won have

　　　　He might still have won.

例（21a）只允许违实解读，我们可以用完成体占情态词的宽域这一理由来解释。noch 在完成体和情态词中间，因为它可以占情态词的宽域，却不能占完成体的宽域。一旦辖域颠倒，如例（21b）所示，句子则不再合乎语法。

三　违实条件句中的过去可能性

Condoravdi（2001）并没有讨论条件句问题，然而，她有关情态词解读的观点很有意义。在本节，我们将讨论，用这种观点解释 would 条件句会有什么新的发现？

我们首先分析例（8a），此处重写为例（22）：

（22）He might have won the game.

例（22）的逻辑式和真值条件分别为例（23）和例（24）：

（23）PRES［PERF［MIGHT$_{MB}$［he win the game］］］

---

① 例（21b）并非完全不合语法。在与 Angelika Kratzer 的私人通信中，她指出，作为认识条件句，例（21b）是非常好的，这个句子只不过是不能有违实的解读。

（24） $\lambda w \exists w' \exists t' [\ t' < now\ \&\ w' \in MB\ (w, t')\ \&$

$\exists e [\ [\ he\ win\ ]\ (w')\ (e)\ \&\ \iota\ (e, w')\ \subseteq\ (t'\_\ )]]$

句子的取值为真，如果完成体占情态词的宽域，且句子符合以下条件：在过去某个时间，与真实世界相似的世界集合中存在某一个世界，事件"他赢得比赛"包括在该世界里，且该事件发生在参照时间点——过去某个时间之后。

将以上推导过程运用到违实条件句上，就可以得到以下表述[①]：

（25） a. If he had run faster, he might have won the game.

b. PRES ［ PERF ［ MIGHT$_{MB/he\ run\ faster}$ ［ he win the game ］］］

c. $\lambda w\ \exists w'\ \exists t' [t' < now\ \&\ w'\ \in MB/he\ run\ faster\ (w, t')$

$\&\ \exists e [\ [\ he\ win\ ]\ (w')\ (e)\ \&\ \iota\ (e, w')\ \subseteq\ (t'\_\ )]]$

例（25）中，情态基地受前件小句的制约。就形而上情态而言，情态基地由世界组成。这些世界都包含"他跑得快"这一因子，在过去的某个时点，它们都与评估世界相似。从该时点起往后，这些世界与评估世界的差别最小。条件句的取值为真，只要这些世界集合中存在某一个世界，在该世界中，他赢得了比赛。

量化范围内的世界与评估世界的差别最小是条件句取值为真的重要条件。相似性在 Lewis – Stalnaker 的违实解释中占据核心地位。在 Condoravdi（2001）的基础上，我们加入了相似性条件。通过限定量化范围内的可能世界，相似性条件在条件句的语义计算中也就具有了实际操作的可行性。

语境依存参数在判断句子的真值时也起着重要作用。例如：

（26） She might have studied the piano.

我们假设有如下语境：例（26）谈论的是某一刚刚经历了严重车祸的音乐人，余生都无法再使用双手。在这个语境下，我们通常会判断句子为真。试想我们谈论的是一个经历了与前者相同车祸、

---

① 条件句被认定是对可能世界的制约，因此，我们可以把它与 MB 并列，看作对情态的制约。

然而生来就有听力障碍的另外一个人，那么，我们会将句子判定为假。

在第一个案例中，我们将例（26）的情态词解读为一个量词，其量化范围是与真实世界相似的可能世界。与真实世界不同的是，在这些可能世界中，主人公"她"并没有遭遇车祸①。根据 Condoravdi 的提案，例（26）之所以取值为真，是因为我们能够回溯到事故发生前的某个时点，随后沿着另一条分支（即假设主人公没发生车祸且将学习钢琴）继续推断。

第二个案例，语境中的主人公天生具有听力障碍，人们的推导过程会是什么样子？很明显，如果我们回溯到事故发生前不久的某个时点，然后沿另一条道路推演，我们不会找到这样的一些可能世界，在这些可能世界中，主人公没发生过事故且将学习钢琴。主人公与生俱来的听力障碍使得人们在推演过程中不自觉地排除了"学习钢琴"这种可能性。然而，从原则上说，我们可以回溯到她出生前的某个时点，然后沿着另一条分支（即假设主人公在出生时没有先天听力障碍，没有遭遇车祸）进行推衍，我们似乎也能使例（26）取值为真。

事实上，在这种情形下，我们不会将例（26）判定为真。原因在于，我们对分支发生的过去时点有着严格的限制。即使对简单情态句的解读，我们也倾向于使用某些隐含的制约条件对语句的解读进行限制。

相似性在解决如何限制情态词的辖域范围方面作用斐然。一旦我们使用了相似性这一技术手段，Condoravdi 提案中的一部分真值条件就会变得无须言表，不言而喻。完成体无须做大量工作，因为，用相似性技术手段就可以轻易找到分支发生的过去时点。此外，采纳相似性技术手段之后，解决问题的关键就转变成了是否能够找到与真实世界具有足够相似性的可能世界。

———

① 在此情况下，该情态词与条件句"If she hadn't had an accident, she might have studied the piano"中的情态词相似。

存在量词约束分支发生的过去时点，这一技术手段的制约性太弱。对例（26）这种类型的句子取值为真或假，人们的判断会有不同，存在量词约束过去时点的技术手段无法解决这个问题。若加入相似性概念，问题就能够得到解决，而这个制约条件也就无须存在了。

第三节　Condoravdi 提案的问题及解决方案

在本节，我们用副词、时态顺序句和静态谓词反驳 Condoravdi（2001）的观点。我们认为：第一，完成体占情态词的宽域是产生违实解释的观点不可靠；第二，完成体占情态词的宽域是意义组合的表现形式太绝对；第三，将情态可及性关系转移到过去时点的做法不必要。

一　副词与违实解读

Condoravdi（2001）认为，副词和德语的语言事实证明了她的辖域说。然而在英语中，是否真如她所说的，already、情态词和完成体组合就不可能产生违实解释？如果仅看例（27），那么我们倾向于肯定的回答。

（27）He isn't home yet. #But he might have already returned.

在没有副词 already 的情况下，句子也同样奇怪：

（28）He isn't home yet. #But he might have returned.

例（28）的奇怪事无法预测的。没有任何成分阻止完成体占情态词的宽域，因此，违实解读应该完全可以接受。

为什么例（28）会让人感到奇怪？原因可能是，我们倾向于将 might 的语义解读为与我们的知识相容的含义。只有在以下条件下——有清晰的证据证明我们需要违实解读的时候，我们才会对句子进行修订①。在这种情况下，例（27）并不能提供任何有关副词交互作用的有效信息。我们试分析另一种情况：

（29） The police haven't put out a warrant yet. But they might have done so. You were right to take precautions.

在例（29）中，警察所做和我们所想有直接的对比关系。我们马上就能够得到线索，句子将有违实解释。后序句并不奇怪，包含 already 的后序句同样也可接受：

（30） The police haven't put out a warrant yet. But they might have already done so. You were right to take precautions.

以下是另一个例子：

（31） Luckily nothing has happened yet. But the princess might already kissed the frog. You were right to be worried.

例（32）中，时间修饰语 by the time that 必须要与完成体连用。副词 already 与事件谓词、修饰语 by the time that 和违实解读相容。

（32） a. They might have already solved the mystery by the time the trial started, but they hadn't.

b. They might have already drunk all the whisky by the time we got there, but they hadn't.

c. The books might have already arrived by the time the classes started, but they didn't.

以上例句表明，至少在英语中，句子在有情态词和完成体的情况下，already 也能够与违实解读相容。这也说明，当句子为违实解读时，完成体无须占情态词的宽域。

德语的语言事实似乎提供了一个清晰、直接的证据，证明相关辖

---

① 我们有理由相信，若缺少清晰的制约因素，句子的默认解读为认识情态解读。在这种情形下，用 would 替代 might，情况会更糟，例如：（ i ） He isn't home yet. # But he would have returned. 很明显，制约因素并非源自于 if 小句。在某些情况下，语境就已足够：（ ii ） George failed the exam，but his brother would have passed.

域决定句子的不同解读。我们认为，例（21）的德语例子在两个方面不同：一个方面是完成体与情态词的线性辖域；另一个方面是完成体与情态词的语气语素。西班牙语也是辖域在表层结构体现的语言，然而其解读依赖时态语素和语气语素的选择①。例如，

（33）a. Pudo haber llegado temprano.

　　　　Can – IndPast have – Inf arrive – part early

　　 b. Podria haber llegado temprano.

　　　　Can – Pot have – Inf arrive – part early

　　 c. Hubiera podido llegar temprano.

　　　　Have – SubPast can – Part arrive – Inf early

　　 d. Habria podido llegar temprano.

　　　　Have – Pot an – Part arrive – Inf early

　　　　He/She /It could have arrived early.

虽然例（33a）至例（33d）中的英文词语都是一样的，然而其相应的西班牙句子表达的信息不同。若语境为：我们知道她没有来得很早，但是她有机会来得早，这时用例（33b）是合适的。如果我们不知道她来的是早还是晚，但是两者都有可能，这时我们使用的是例（33a）。例（33c）与例（33d）的区别非常细微，在大部分语境下两者的意义是相同的。如果我们在两句中都加上短语 at least，则区别出现：

（34）a. Aunque sea，Hubiera podido llegar temprano.

　　 b. Aunque sea，Habria podido llegar temprano.

　　　　At least，you could have arrived early.

例（34）相应的英文可以有两种不同的解读，一种解读是"至

---

① 在例（33）中，Ind 表示 Indicative，Sub 表示 Subjunctive，Past 表示 Simple Past，Inf 表示 Infinitive，Part 表示 Participle，Pot 表示 Potential，即自身能够区分时态和语气的成分，通常被译为英语中的 would。

少，你可以来得早一点"，第二种解读是，"至少，你应该要早点来的"①。西班牙语的句子有细微差别：当用于责备某人时，人们倾向于使用例（34a）而不是例（34b）。

英语中的 already 比 Condoravi 预想的要复杂得多，英语中的违实句证明了这一点。德语语料也无法证明情态词、already 与完成体之间的相互作用是区分违实情态解读与认识情态解读的标准，西班牙语的语料也证明了这一点。事实上，不是助动词 have 而是句子中的过去时态，决定了句子的违实意义。

二　时态顺序句与时态一致

时态顺序句证明，违实结构中的情态词由过去时语素 PAST，而不是助动词 have 成分统治。完成体成分统治情态词的假设无法解释时态顺序句中的时态一致现象。

（35）It's a pity women could never stand George. A woman who loved him might have been able to improve his table manners.

在例（35）中，情态词 might 的辖域中包含一个无定（indefinite）名词短语 a woman who loved him，名词短语中又包含具有过去时语素的关系分句 who loved him。分句中的过去时语素并没有过去时态的解读。分句的含义是，存在一个假象中的女人，该女人在说话时刻爱 George。分句中的时态语素与过去时的语义不对应，我们只能把这种现象分析为语素一致。句法上存在一个位置更高的过去时态（syntactically higher past tense），该时态成分统治（c‐command）动词 love。

例（36）说明，完成体自身不会诱发时态一致：

（36）A woman who loved George has never been able to improve his table manners.

---

① 两种解读的英文表达分别为："At least, you would have been arrived early"（第一种）和"At least, you should have arrived early"（第二种）。与第一种解读相比，第二种解读含有明显的责备意味。

在例（36）中，分句中的过去时解读为真正意义上的过去时态。我们谈论的是，在过去，有一个爱 George 的女人，这个女人无法改进 George 的餐桌礼仪。即使在缺少完成体的情况下，时态一致也能够出现：

（37）It's a pity women could never stand George. A woman who loved him might be able to improve his table manners.

时态一致的证据证明，在包含情态词的条件句中，过去时语素成分统治情态词。

三　静态谓词与违实解读

在包含情态词的违实条件句中，将违实解读归结于完成体 have 占情态词的宽域是错误的。如果主句动词是静态动词，那么，即使在没有 have 的情况下，句子也有可能获得违实解读。例（38）只能是认识情态解读[①]：

（38）He might be happy. #But he isn't.

例（38）之所以奇怪，是因为认识情态解读与事实否定不相容。然而，一旦情态词 might 出现在条件句结构中，即使缺少完成体，违实解读也是可能的：

（39）If she were here, he might be happy. But she isn't.

这些例句说明，完成体与违实解读没有联系。

第四节　结语

本章首先罗列出两位学者对违实现象所提出的可能解释。对于两位学者的观点，我们都采取了怀疑的态度，并对其论证进行了批驳。违实解读的关键不在情态词与完成体的相互作用，而是在过去时态语素与相似性这两个要素上。

---

① 正因为例（38）只能是认识情态解读，因此后续句听起来非常奇怪。

参考文献

［1］ Arregui, Ana. 2007. When aspect matters：the case of "would" conditionals ［J］. *Natural Language Semantics* 15：221 – 264.

［2］ Condoravdi, Cleo. 2001. Temporal Interpretation of Modals ［A］. In David Beaver, Stefan Kaufman and Brady Clark (eds.)，*Stanford Papers in Semantics* ［C］，124 – 153，Palo Alto：CSLI Publications.

［3］ Iatridou, Sabine, 2000. The Grammatical Ingredients of Counterfactuals ［J］. *Linguistic Inquiry* 31：231 – 270.

［4］ James, Huang. 1982. Logical Relations in Chinese and the Theory of Grammar ［D］. Ph. D. dissertation, MIT.

［5］ Joos, Martin. 1964. *English Verb：From and Meanings* ［M］. University of Wisconsin Press.

［6］ Langacker, Ronald. 1978. The Form and Meaning of the English Auxiliary ［J］. *Language* 54：853 – 882.

［7］ Palmer, Frank. 1986. *Mood and Modality* ［M］. Cambridge：CUP.

第四章

Would 条件句的语义解读

本章讨论 would 条件句的语义解读问题。would 条件句是指由情态词 would 为词首的条件句，哲学家和语言学家对此都有相关研究。在本章，我们将讨论时态和体如何影响条件句的解读。

研究 would 条件句最有影响的学者当属 David Lewis 和 Robert Stalnaker。尽管他们的研究有重要的区别，但我们仍然能够根据两者的相似性而把他们的分析称作 Lewis – Stalnaker 分析。他们的分析可以在 Lewis（1973）中找到理论基础：

"对我来说，If kangaroos had no tails, they would topple over 具有以下含义：在任何一种可能的情状下，若袋鼠没有尾巴，且该情状与我们现实世界中袋鼠没有尾巴的情状相同，则袋鼠会摔倒。"（Lewis 1973：1）

根据 Lewis，would 条件句的解读要求我们必须考虑在不同于现实世界的情状下，会发生什么事情。如果我们把各种情状看作可能世界，would 条件句的语义就要求我们找出在其他可能世界中会发生什么事情。

可能世界数量很多，而 would 条件句的真值主要依靠以下条件，即我们该如何计算出哪些可能世界与条件句的解读相关。我们认为，时态和体在识别相关世界方面具有重要作用。

(1) a. If Nixon had pushed the button, there would have been a nuclear holocaust.

    b. If John had asked Jack for help yesterday, there would have to have been no quarrel the day before.

c. If your plants died next week, I would be very upset.

例（1）中的条件句在语义上有细小的差别。例（1a）是典型的违实条件句；例（1b）是形态更为复杂的违实条件句，Lewis 称之为"回溯型"（backtracking）违实条件句；例（1c）的 would 条件句没有违实性。

would 条件句的语义变化给统一分析带来了难题。Lewis 本人对统一分析的可能性也持怀疑态度。我们认为，对 would 条件句的统一分析是完全可能的，从时态和体的解读中可以推算出以上例句的语义差别，从而得出对以上例句的统一分析。

根据 Lewis 和 Stalnaker，情态词 would 可作为管辖可能世界的量词。我们可以通过限制量词辖域的方法来解释以上例句的语义差别。若情态词 would 的量词辖域为情态词可及的世界集（set of worlds accessible to the modal），则以上例句中的语义差别就可对应为可及性世界集合中各成员之间的差别。本章的主要观点是，时态和体的语义特征会影响可能世界的可及性。

第一节　时态和体

Huddleston 等将 would 条件句称为"距离型"条件句（remote conditionals），其依据是，1）先行句的本质是距离性（与现实世界的距离）；2）对时态和体的解读（Huddleston etc., 2002）。例如，

（2）a. If he was here, he would be upstairs.

　　b. If you went tomorrow, you would see Ed.

"距离型"条件句所表述的条件是不太可能实现的条件，要么令人怀疑其真实性，要么就是错误的，例（2）清晰地表明了这一点。假设有以下语境："我们知道他不在这儿，但是想要假设一下，如果他在这儿的话，会发生什么事情"，在该语境中，我们可以说出例（2a）这句话。我们在说出例（2b）时，目的是假设，如果你明天去（尽管可能性很小），会发生什么事情。

根据 Huddleston（2002），在例（2）中存在过去时语素，即使时间参照点与说话时间或将来时间相关。很明显，过去时语素没有标准的过去式解读。这是"距离型"条件句最显著的特征之一。在"距离型"条件句中，时态表述的是情态意义而非时间意义，其本质是"情态距离性"（modal remoteness）。

McArthur 对条件句做了类似的区分。他们使用的术语是"假设型"（hypothetical）而非距离型（McArthur，1992）：

条件句可以是开放型也可以是假设型。开放型条件是中性的：说话人对条件的完成与否持开放态度。假设型条件意味着说话人对条件的完成持怀疑态度，或条件句说表述的事件并未发生。这类句子在条件句中的动词为过去时或过去完成体，主句中的情态词（通常是 would）为过去时或过去完成体。（McArthur，1992：225）

在分类上，Quirk 等（1985）也做出了与 McArthur（2002）相类似的区分，他们以如下方式阐释了时态的意义：

假设型条件句中的动词是回溯的，过去时形式用于表现在或将来时间，过去完成体表过去时间。这些形式具有假设或假想的寓意，我们称之为假想型过去时和假想型过去完成体。（Quirk etc.，1985：1010）

Quirk（1985）提出了以下例句用以证明其观点：

（3）a. If I were young, I would study classical Greek.

　　b. If I had seen you, I would have invited you home.

例（3a）表达现在和将来时间相关，条件句为过去时，主句为情态词的过去时形式。例（3b）表达的是过去时间相关，条件句为过去完成体，主句为情态词的过去完成体。

Quirk（1985）的解释并非完全正确。条件句中的过去完成体语素并不是指代过去。正确的说法应该是，过去时语素能够指代现在和将来，过去完成体语素能够指代过去、现在和将来（Dudman，1984）。例如，

（4）a. If Granny *missed* the last bus tomorrow, she *would* walk home. （过去时表将来）

b. If Her Majesty*was* here now, she *would* be revolted. （过去时表现在）

c. If Granny *had missed* the last bus on Friday（next Friday）, she *would have walked* home（*she is actually dead*）. （过去完成体表将来）

d. If Her Majesty*had been* here now, she *would have been* be revolted. （过去完成体表现在）

e. If Granny *had missed* the last bus on Friday（last Friday）, she *would have walked* home（*Luckily, she caught it*）. （过去完成体表过去）

如例（4）所示，含有过去时语素的 If 条件句能够被解读为对说话时刻发生的事件或将来某时刻将要发生的事件进行推测。含过去完成体语素的 If 条件句可以被解读为对发生在过去某事件的推测，发生在说话时刻某事件的推测，以及可能发生在将来某事件的推测。从例（4c）和例（4e）的对比中可以看出，If 条件句中的过去完成体既可以表示过去（last Friday），也可以表示将来（next Friday）。假设奶奶已经去世，我们在讨论她曾经是如何的独立。我们知道她曾打算在下周五搭乘公车，我们也能够确定，假如她误了车，会发生什么事：假如她没能成功地赶上那班车，她就会步行回家。该例表明，条件句中的过去完成体可以用于对将来事件的推测。这个例子说明，Quirk（1985）的结论是不完全的：If 条件句中的过去完成体不仅能够用于表过去，还可用于表现在和将来。

以上对时态和体的讨论表明：1）would 条件句中的过去时语素只是过去时语素；2）在该语境下对时态和体的解读是不标准的；3）时态和体的解读应联系 would 条件句中的语义特点。

第二节　Lewis – Stalnaker 分析与违实条件句的语义

我们对 would 条件句的分析主要是建立在 Lewis – Stalnaker 分析的基础上。因此，我们首先对他们的基本假设做一个简要的介绍，然后再提出条件句语义解读所面临的具体语言问题。

一　Lewis – Stalnaker 分析

Lewis 和 Stalnaker 关注的都是条件句的解读①。他们为条件连接词（conditional connectives）提供了解释逻辑，用以阐明英语条件句的意义。两位作者都在可能世界语义学的框架下对条件连接词做出了解读，并提出了以下假设：以 α 为前件（antecedent）且 β 为后件（consequent）的条件句（Lewis：α→β；Stalnaker：α > β）在世界 w 中取值为真，当且仅当在 α 为真的某个世界集中，β 也为真。

Lewis 和 Stalnaker 的研究方法有以下不同。一个重要的区别在于条件算子（conditional operator）匹配不同类型的句子解读。Stalnaker 认为，条件算子 >的语义对应于英语一般条件句的语义，而 Lewis 的→算子只对违实条件句负责，与其他类型的条件句无关。

条件句的分类自身也是一个复杂的问题。我们用 would 条件句这个术语，只是表明在该类型的条件句中，主句包含词首 would。would 条件句在哲学文献中通常被称作"虚拟"（subjunctive）条件句。我们的目的在于为 would 条件句提供一个统一的解释，包括各种类型的违实条件句和直陈条件句。

要对 would 条件句做出统一解释，首先要考虑以下两种情况：1）前件为真的 would 条件句；2）推测未来的 would 条件句。一个成功的统一解释必须要能够同时解释以上两种情况。

---

① 详见 Lewis（1973），Stalnaker（1968）。

　　为了证明虚拟条件句和违实条件句的概念存在差别，Anderson
（1951）给出了以下例句，其中虚拟条件句的语素形式与违实条件句
相同，然而前件的理解通常为真。

　　（5）If she had taken arsenic, she would be showing these symptoms.

　　为了更好地理解例（5），我们将它置于以下两种语境当中：

　　（6）A：She didn't take arsenic.

　　　　B：Good! But if she had taken arsenic, she would be showing
　　　　exactly these symptoms.

　　（7）A：I don't really know what had happened, but if she had taken
　　　　arsenic, she would be showing exactly these symptoms.

　　　　B：Oh! Didn't I tell you? She did take arsenic.

　　条件句例（5）在语境（6）中的作用为，说话人对现实世界中
为假的情状进行推测，她并没有吞服砒霜。句子的意义为，若她真的
吞服了砒霜，情况会是什么样子。这是明显的违实条件句。

　　例（7）显示，说话人能够用条件句（5）说明对以下情状的假
设：说话人不知道该条件句在此情状内是否取值为真。若前件命题最
终被证明为真，这也没有丝毫的奇怪。我们似乎不愿把例（7）归结
为违实条件句，它更多的是具有"认识"（epistemic）的意味。

　　然而，我们并不认为，Anderson 的例子是对 Lewis－Stalnaker
would 条件句分析的反对。Lewis－Stalnaker 的语义分析并没有预设前
件在评估世界（evaluation world）中取值为假。评估世界是与前件为
真的世界最相似的世界，这种可能性具有极大的可接受性。即使我们
不愿将例（7）称作违实条件句，在我们看来，Lewis－Stalnaker 的语
义分析也同样给出了正确的真值条件。在已知前件为假以及前件的真
假未知这两类语境下，我们都能够说出条件句（5），这并不说明条
件句（5）自身具有语义歧义。因此，我们可以认为，Lewis－Stal-
naker 的语义分析既可用于 would 条件句前件为假的情况，也可用于前
件真假未定的情况。

　　前件中含有一般过去时的 would 条件句能够对未来事件进行推

测。Lewis（1973）本人提出了相应的例句，其目的是限制违实条件
句的适用范围，不用将违实条件句这个标签用到所有的 would 条件句
上。如例（8）：

（8）If our troops entered Laos next year, there would be trouble.

该例存在的问题是，如果我们知道前件为假，那么，我们根本就
不会说出这个句子。假设有语境例（9）：

（9）A：Our troops will be recalled by Christmas.

B：Well, that's a good thing. *#If our troops entered Laos next
year, there would be trouble.*

在例（9）给出的语境中说出例（8）明显不合适，我们很难判
断，条件句例（8）是否应该按违实条件句处理。

（10）A：Our troops will be recalled by Christmas.

B：Well, that's a good thing. *If our troops had entered Laos next
year, there would have been trouble.*

在例（10）中，我们发现，would 条件句可以毫无疑问地被分析
为违实条件句。如何对例（9）和例（10）给予一个统一的解释，这
是一个难题。正是因为如此，Lewis（1973）才放弃了对 would 条件句
统一解释的尝试。然而，我们认为，除了区别，例（9）和例（10）
还存在一个共有的情态词 would，我们能够对情态词 would 做出统一
解释，把区别归结为对不同体的不同解释。

Lewis 和 Stalnaker 研究的另一个不同点是，与条件句评估相关的
前件世界集合不同。两者都赞同，与条件句评估相关的前件世界是某
些世界组成的集合，在这些世界中，前件为真，在某些语境确立的相
似性标准的衡量下，这些世界与评估世界的差别最小。两者的不同点
在于集合的特征不同。

根据 Stalnaker（1968），存在一个单一的前件世界，该世界与条
件句的评估相关。在 Stalnaker 的形式化解读中，这一点可从以下操作
中看出：公式 $\alpha > \beta$ 在某个世界 w 中的真值依赖于某个选择函数 f。
该选择函数以评估世界 w 和前件命题 α 为论元，产出的值为某个可能

世界。条件句判定，β 在世界 w'中取值为真。条件句算子 >的真值条件如下：

(11) α > β 在 w 中取值为真当 B 在 f（α，β）中取值为真

α > β 在 w 中取值为假当 B 在 f（α，β）中取值为假

（Stalnaker，1968：103）

Stalnaker 方案的核心是，函数 f 挑选出最相似与评估世界的某个世界，在该世界中，前件取值为真。函数 f 的值由条件句的发生语境提供，从而使相似性的概念依存于语境。

我们对 would 条件句的语义处理方案源于 Stalnaker（1968）。我们认为，包含前件世界的集合要大于单一的集合。也就是说，与条件句评估相关的前件世界不止一个，它们在相似性上彼此相连。

Lewis（1973）认为，与包含条件算子□→的条件句评估相关的前件世界不止一个。他对相关前件世界的识别在技术上要远复杂于 Stalnaker（1968）。条件句算子□→的解读与依存于语境的函数相关，该函数以某一个可能世界为论元，产出一个由可能世界组成的集合，该集合就是函数的值，被称为范域系统（system of spheres），该范域系统以作为论元的可能世界为中心。范域系统包括依存于语境的世界相似性关系。作为以世界 w 为核心的范域系统，该集合（成员是不同的可能世界集）必须满足不同的条件[①]。我们在本章中只谈两个条件：第一，该集合必须以 w 为中心，即单一集合 {w} 必须是范域系统的成员；第二，该集合必须是内包的（nested），即范域系统中的任意两个集合 A 和 B，必须满足 A ⊆ B 或 B ⊆ A。

一旦包含可能世界集的集合形成一个围绕世界 w 的范域系统，那么，系统中的集合就会以以下方式彼此联系：

在例（12）中，围绕 W 的范域系统 S_w 包含两个集合 S_1 和 S_2，由于条件一，S_w 存在以下可能，即 S_1 = {w}，且 S_1 ⊆ S_2。由于依存于语境的范域系统是围绕评估世界建立起来的，因此，它能够提供世界

———————————

① 详见 Lewis（1973）。

相似性的信息。

（12）

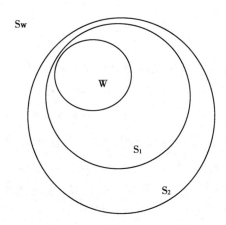

在 Lewis – Stalnaker 的语义分析模型中，条件算子□→的真值条件可以表述如下：

（13）根据范域系统 S，逻辑式 φ→ψ 在世界 i 中取值为真，当且仅当：

（ⅰ）没有 φ 世界从属于 S_i 中任意的范域 S；或

（ⅱ）S_i 中的某个范域 S 至少包括一个 φ 世界，且在范域 S 中的所有世界中，φ □→ ψ 成立。

（Lewis 1973：14）

例（13）中的条件一给出了违实条件句必然为真的条件，即没有一个世界，或者没有一个对应于范域 S 中的一个成员的世界，违实条件句在该世界的取值为真。

条件二给出了违实条件句有条件为真的情况：如果系统 S 中的某个范域包含某个或某些世界，前件在该世界中的取值为真，且后件在该范域中的所有世界中取值都为真，则违实条件句取值为真。

为了创建算子□→的语义，Lewis 拒绝了限定假说（Limit Assumption）。限定假说是指，对任意一个世界 i 和前件命题 α，都存在一个允准 α（α – permitting）的最小范域：

一旦允准前件的范域越来越小，包含前件的世界越来越接近 i，我们最终会达到一个极限：一个最小的允准前件的范围，在该范围中存在最接近前件世界的可能世界。

（Lewis 1973：20）

Lewis 提出的系统不能确保限定假说的有效性。Lewis 方案不能解决以下问题：围绕世界 w 的范围系统包括一串无止境的越来越小的范围，因此，并没有所谓的"围绕 w 的最小范围"。根据 Lewis，这正是系统的价值所在，因为，我们的确会遇到无法确定最小前件允准范围的情况。Lewis（1973）给出了以下违实条件句的例子：

（14）If the line had been longer than one inch...

在该例中，并不存在一个最相似的世界，在该世界中，这条线要长于一英尺。对任意的 x，在某个世界中该线的长度为 1 + x 英尺，都存在某个更小的 y，在世界中该线的长度为 1 + y 英尺，该世界与第一个世界相比，与现实世界更为接近。

我们关注的重点是，由于拒绝接受限定假说，Lewis 的"前件为真的最相似的世界"不可能出现。在他的系统里，我们也无法识别该集合。在我们的解决方案里，限定假说是一个合理的假设，这样，我们就能够使前件世界的集合成为可能。

二　Lewis – Stalnaker 分析的语言学意义

为了明确条件句的意义，哲学家们建立了条件句逻辑，条件句算子与我们对自然语言条件句的解读相匹配。然而，语言学家们采取的是另一条道路。这是因为语言学家们更感兴趣的是语义的组合性问题。我们想要解释的是，整个条件句的语义是如何由组成该句的部分的语义通过组合派生而来。从语言学的角度对 would 条件句做出解读，就是要提出一种单个词语的解读，以及解释清楚它们是如何合并而得出条件句整体的意义。

根据 Lewis 和 Kratzer（1977，1981，1991），我们把情态动词看作连接两个集合的算子，这两个集合的成员都是可能世界。第一个集合基于前件小句，第二个集合基于后件小句。有关时态和体的信息在以后加入，情态词处于三分结构的算子位置，如例（15）：

（15）

modal　　　　　　if – clause　　　　　consequent clause

根据例（15）的树形图，情态词首先与条件分句合并，然后再与主句合并。例（15）无法解决以下问题：首先是合成理论自身。在表层结构中，if 小句首先出现，情态词 would 紧随其后，最后是主句。语言学家们从不同的角度对此提出了解决方案。Von Fintel（1998，2001）基于隐藏变量和语境变化语义学分别提出了"静态"和"动态"的解答思路。其他持动态解读的学者还有 Heim（1982）和 Chierchia（2000）等。

动态的方法似乎能够满意地解答情态词与 if 小句的交互关系。我们在本章中不会使用动态的方法，因为，静态的方法本身也能够卓有成效地解答以上问题。

三　时态和体的语义解读

本章对时、体和动词短语的处理遵循以下句法级阶：体和动词短语合并形成体短语（AspP），体短语与时合并形成时短语。即：

（16）　　　　　　　　　TP

tense　　　　　　　　AspP

aspect　　　　　　　　VP

在句法结构中，时成分统治体短语，体成分统治动词短语。我们下一步的任务是对它们进行语义解读。

语言学和哲学文献中有许多关于时的讨论。我们采用的是时的指称理论。该理论认为时和代词相似，都具有指称的语义（Partee，1973）。Kratzer（1998）发展了该理论，将它用于分析含系列时态的

句子。根据 Kratzer（1998）的理论，英语中的过去时语素和现在时
语素可分别对应为指称性的过去时（deictic past tense）或现在时。在
某些情境下，两种类型的语素都可对应为"时态变量"（variable
tense）。过去时指代语境凸显的过去时间，现在时指代语境凸显的现
在时间。

（17）$[[present]]^c$ = 包括说话时刻在内的语境凸显时间

$[[past]]^c$ = 说话时刻之前的语境凸显时间

除了指称性的解读，英语中的现在时和过去时语素还可对应于作
为时间变量的零时态。零时态在形态特征上是未赋值的（unspeci-
fied），它的形态特征来自最靠近它、并且能够成分统治它的时态。该
时态语素只是反映成分统治它的时态的特征，在语义上是空的。零时
态的解读依赖对变量的赋值：

（18）$[[\phi_i]]^g = g(i) = t_i$

由于零时态的解读依赖变量赋值，因此，可以把零时态看作一种
受约束的时态。依据此观点，if 小句中的时态语素就可以被解读为时
态变量。

体是一种函数，其功能是把事件特征映射到时间特征上。因此，
完成体（perfect aspect）将事件时间定位在参照时间之前，完整体
（perfective aspect）则将事件时间定位在参照时间之内。完成体和完
整体的区别可用于解释 would 条件句语义解读的变化。

完整体是英语中默认的体词首。例如，

（19）a. Sara drinks milk.

b. Sara takes the bus.

例（19）中的例子没有单一事件的解读，通常此类例句的解读都
是习惯性的解读。要使现在时的句子取值为真，事件时间必须等同于
说话时刻，或包含在说话时刻之内。对大多数事件而言，事件时间不
能位于说话时刻之内。以（19b）为例，Sara 搭公车的事件时间不可
能发生在说话时刻之内，也不会等同于说话时刻。它比说话时刻大得
多。因此，我们不能得出以下结论，即在说话时，Sara 正在搭乘公

车。在此解读下，该句永远无法为真，因此，我们把它排除在可能的解读之外，而例（19b）中的命题也只能由类算子或习惯算子约束。

英语中的现在时要求事件时间在评估时间之内，因此，我们可以把一般现在时语素解读为时态与默认完整体的结合体，完整体将事件时间定位在评估时间以内。

第三节　结语

本章在 Lewis – Stalnaker 语义分析的模型下讨论了违实条件句的语义解读问题。时和体在语义解读中起到了重要作用。我们认为，英语中的现在时和过去时语素除了有指称性的解读外，还可以作为时间变量的零时态。零时态在形态特征上是未赋值的。它的形态特征来自最靠近它、并且能够成分统治它的时态。体是一种函数，其功能是把事件特征映射到时间特征上。如果对违实条件句做出三分结构的分析，那么，主句中的情态动词就处于三分结构的算子位置，是连接两个集合的算子。算子连接的两个集合中的成员都是可能世界，第一个集合基于前件小句，第二个集合基于后件小句。

参考文献

［1］ Chierchia, Gennaro. 2000. *Dynamics of Meaning* ［M］. Chicago：University of Chicago Press.

［2］ Dudman, Victor. 1984. Conditional Interpretations of If – sentences ［J］. *Australian Journal of Linguistics* 4，143 – 204.

［3］ Fintel, Kai Von. 1998. The Presupposition of Subjunctive Conditionals ［A］. In Sauerland and Percus（eds.），*The Interpretive Tract* ［C］，29 – 44. Cambridge：MITWPL 25.

［4］ Fintel, Kai Von. 2001. Counterfactuals in Dynamic Context ［A］. In Michael Kenstowicz（ed.），*Ken Hale：A Life in Language* ［C］，

132 – 152. Cambridge：MIT Press.

［5］Heim, Irene. 1982. The Semantics of Definite and Indefinite Noun Phrases ［D］. Amherst：Umass PhD Dissertation.

［6］Huddleston, Rodney and Geoffrey Pullen. 2002. *The Cambridge Grammar of the English Language* ［M］. Cambridge：Blackwell.

［7］Kratzer, Angelika. 1977. What *must* and *can* must and can mean ［J］. *Linguistics and Philosophy* 1, 337 – 355.

［8］Kratzer, Angelika. 1981. The Notional Category of Modality ［A］. In Hanns Eikermeyer and Hannes Rieser（eds.）, *Words, Worlds and Context* ［C］, 38 – 74. Berlin：De Gruyter.

［9］Kratzer, Angelika. 1991. Modality ［A］. In Arnim Stechow and Dieter Wunderlich（eds.）, *An International Handbook of Contemporary Research* ［C］, 639 – 650. Berlin：De Gruyter.

［10］Kratzer, Angelika. 1998. More Structural Analogies Between Pronouns and Tenses ［A］. In Devon Strolovitch and Aaron Lawson（eds.）, *Proceedings of Salt* Ⅷ ［C］, 34 – 56. Ithaca：CLC Publications.

［11］Lewis, D. 1973. *Counterfactuals* ［M］. Cambridge：Harvard University Press.

［12］McArthur, Tom. 1992. *The Oxford Companion to the English Language* ［M］. Oxford：Oxford University Press.

［13］Partee, Barbara. 1973. Some Structural Analogies Between Tense and Pronouns ［J］. *The Journal of Philosophy* 70, 601 – 609.

［14］Quirk, Randolf, et al. 1985. *A Comprehensive Grammar of the English Language* ［M］. New York：Longman.

［15］Stalnaker, Robert. 1968. A Theory of Conditionals ［A］. In Nicholas Rescher（ed.）, *Studies in Logical Theory* 2 ［C］, 98 – 122. Oxford：Blackwell.

第五章

完成体与非完成体、未然体与已然体

在前几章，我们讨论了过去时的解读，却没有涉及完成体的情况。事实上，完成体在解读违实条件句时起着重要作用。条件句的解读因前件小句不同而不同，前件小句是一般过去时语素还是过去完成体语素对整个句子的真值判断影响甚大。我们将在本章讨论这种情况。

第一节　引言

假设某人 A 将在下周外出度假，请求 B 帮其照顾家里的植物。B 接受，但略感紧张，因为他对植物不内行。

（1）A：Could you look after my plants next week while I am away?

　　　B：Of course, but I am rather nervous. If your plants died next week, I would be very upset.

B 的回答中有一个条件句，条件句的前件小句包含过去时语素，后件小句为 would 加不定式，该假设为对未来事件的假设。

假如 A 的植物在他外出度假前已经死亡，他取消了对 B 的请求。B 对此表示遗憾，同时也松了一口气。

（2）A：Don't worry about looking after my plants. They died yesterday.

　　　B：I am sorry, but also a bit relieved. If your plants had died next week, I would have been very upset.

以上情境中，B 的回答中也有一个条件句，条件句的前件小句包含过去完成体语素，后件小句为 would 加完成体。尽管是过去完成体语素，前件小句依然是对未来事件的假设。

如果我们知道植物已经死亡，那么，用例（1）中的条件句则会非常奇怪：

（3）B：I am rather relieved that your plants died yesterday. [#] If they died next week, I would be very upset.

例（3）非常奇怪，条件句不能被解读为对违实事件的假设。只有在我们接受以下假设，即植物再死亡一次，句子才有意义。

我们可能会认为，例（1）中的条件句也许并非是真正的违实条件句，过去时也许不能用于解读违实意义等。然而，这些假设都是不成立的。

假如 A 将植物放在厨房阴暗的壁橱里，他很着急，因为植物不再长了。B 知道是哪儿出了问题：

（4）A：I'm worried about my plants.

B：Oh, they simply do not have enough light. If they had enough light, they would be fine.

过去时和事件动词连用的例子在意义上似乎与过去时和静态动词连用的例子存在差别。使用静态动词时，我们可以用过去时表达与事实相反的假设，事件动词则不能这样用。要对事件做出违实假设，条件句的前件需要用过去完成体语素。

Lewis（1973）认为，would 条件句在表"将来意义"和表"违实意义"时，存在根本区别。would 条件句在表"将来意义"时与直陈条件句类似。

用"虚拟条件句"这个术语并不能准确表达我的意思。一方面，我们有减缩了的违实条件句，"No Hitler, no A - bomb"，这个句子并不是虚拟结构，至少在表层结构上不是。更为重要的是，有些虚拟条件句和将来时间有关，例如，"If our ground troops entered Laos next year, there would be trouble"，该句的真值条件与直陈条件句相同，而不是我所考虑的违实条件句。（Lewis 1973：4；笔者译）

我们的目标是给所有的 would 条件句一个统一的语义解读。造成前三个例句语义差别的原因是情态词量化域不同的制约方式，而不是情态词自身的解读。最主要的原因应归结于对于"体"的解读。

在例（2）中，情态词的量化范围是如下可能世界：在这些可能世界中，存在一个事件，即 A 所培育的植物在下一周死亡。除此之外，这些世界还包含一个真实世界过去的对应体。在这些世界中，真实世界的过去先于植物下周死亡这一事件。我们知道，植物只能死亡一次。要让真实世界的过去先于植物下周死亡这一事件，唯一的办法就是假设过去时段自身不包含植物死亡事件。正因为如此，相关过去的对应体也不包括植物死亡事件。情态词的量化范围只能是这样的世界：这些世界中，植物在将来而不是在过去死亡。

例（3）中的情态词量化域不同于例（2）。例（3）所给的语境中，就植物的死亡时间来看，过去时语素无法让情态词触及不同于真实世界的可能世界，可能世界只能是植物死于昨天的可能世界。

造成例（2）与例（3）差别的原因是，两句中制约情态词量化域的命题不同。前件小句命题不同，情态词可及的可能世界也就不同。两者的区别主要是由"体"的不同选择引起的。

我们认为，在例（3）中，具有一个指示性的完成体空词首。这个空词首的作用是，在植物死亡时间这个方面，将前件小句的命题锁定在与真实世界相似的可能世界上。限制情态词量化域的命题取值为真，当且仅当，在植物死亡的可能世界中，死亡时间与真实世界植物死亡的时间相同。正因为如此，我们不能认为，例（3）中的量化域包含以下世界，在这些世界中，死亡事件发生在另一个时间。例（3）与例（2）的区别是，后者的完成体词首不是指示性的。在这种情况下，前件小句命题不再限制在与真实世界植物死亡的时间相同的可能世界上。

要正确理解例（2）和例（3），我们有必要将例（3）与例（4）做个比较。尽管在例（4）中没有完成体，条件句依然能够得到经典的违实解释。在该例中，就前件小句而言，情态词的可及世界与真实世界不同。这再一次证明，情态词的量化域受"体"的影响。其中，最主要的差别体现在静态前件小句和完成体前件小句之间的差别上。

第二节　焦点与预设

在正面阐述我们的观点之前，先讨论前人对以上例句解读所做的假设。Ogihara（2000）认为，违实条件句的解读依赖于条件句结构的解读和前件小句焦点结构的解读这两者的交互作用。Ippolito（2003）将违实条件句的解读归结于条件句中预设作用的结果。

一　Ogihara 的焦点说

Ogihara（2000）将例（2）的解读归结于焦点的作用。例如：

（5）a. If John had given flowers to Mary TOMORROW$_F$, she would have been pleased.

b. If we had gone out for a walk TOMORROW$_F$, we would have had a good time.

例（5a）可以在以下语境中解读为真：John 是 Mary 的男友，想在 Mary 生日那天给她送一束花。Mary 的生日是明天，然而他却错误地认为她的生日是在昨天。于是他在昨天给 Mary 送了花，而 Mary 在收到花后并不是那么高兴。

在该语境下，例（5a）的含义是，如果 John 是在明天而不是在昨天给 Mary 送花，她会很高兴。我们对（5a）的理解是，如果赠花事件发生的时间不同于真实世界（是明天而不是昨天），那么，Mary 会很高兴。

再看例（5b）。Ogihara（2000）建议我们在以下语境中考察例（5b）的真值：在某个语境制约下，我们只有一次外出散步的机会，这个时间可以是今天，也可以是明天。我们今天已出去散过步，不过外面下大雨，情况很糟糕，而天气预报说明天将会是个艳阳天。

在这个语境下，例（5b）的含义是，如果我们明天外出散步而不是今天，我们会有个愉快的经历。前件对比的是假想中的散步时间

（明天散步）与真实世界中的散步时间（今天散步）。条件句说明，如果散步的时间不同，我们将会有一个愉快的历程。

Ogihara 对例（5）的分析说明，假想事件与其对应的真实事件在时间上对立，而造成该现象的原因是，句子的焦点在时间副词上。在例（5a）中，假设赠花事件发生在未来，事件发生的时间与真实事件的时间对立。过去完成体语素所起的作用就是，与假想事件的未来时间对立，说话人能够在过去时段内定位真实事件发生的时间。

根据 Kratzer（1977，1981），Ogihara 设定了条件句结构的语义。其中一条重要的附加条件是，条件句预设了某个语境，该语境能够使假想命题（即与前件小句命题相对立的命题）凸显，在语境凸显的过去时间，该命题可以在真实世界中取值为真[①]。

采纳 Rooth（1992）的焦点语义模型，Ogihara 认为，前件小句中的焦点使句子产生焦点算子"~"以及变量 C，其中变量 C 为前件小句的姊妹节点。句子同时还有一个空算子"instead"，该副词与变量 C 合并。例（5a）中前件小句的句法表征为例（6）：

（6）

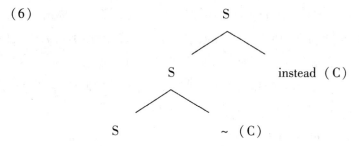

John gives flowers to Mary TOMORROW$_F$

---

① 句子"If DP$_1$ PAST PERF$_3$ VP$_1$, DP$_2$ WOULD PERF$_3$ VP$_2$"的真值条件为：假设 q 为"DP$_1$ VP$_1$"的意义（无时态），r 为"DP$_2$ VP$_2$"（无时态）的意义，且 q 和 r 为 D$_{<I, <s,t>>}$ 的成分。整个条件句的取值为真，当且仅当：(i) 对于语境提供的、与 q 对立的语义对象 p $\in$ D$_{<I, <s,t>>}$，p（g$_c$（3））（w$_c$）= 1 且对所有在 A$_{wc}$（{w：存在时段 i，且 r（i）（w）= 1}）中的最大集合 X，p（g$_c$（3））$\notin$ X；(ii) 命题 {w：存在时段 i，且 r（i）（w）= 1} 源自 A$_{wc}$（{w：存在时段 i，且 q（i）（w）= 1}）中的每一个最大集。

变量 C 是一个由命题组成的集合，集合成员包括对应于前件小句的命题和由语境提供的预设命题。以（5）为例，C 等于 {that John gives flowers to Mary tomorrow, that John gave flowers to Mary yesterday}。Instead 是一个带两个论元的函数，一个论元为 C，另一个论元为命题 {that John gives flowers to Mary tomorrow}[①]。函数值是一个取值为真的命题，该命题取值为真的条件是，当且仅当 C 集合 {that John gives flowers to Mary tomorrow, that John gave flowers to Mary yesterday} 中唯一取值为真的命题是，约翰明天给玛丽送花。例（5a）中前件小句前增加空算子 instead，目的是使前件小句能够指代一个取值为真的命题，该命题的真值条件是，当且仅当约翰明天给玛丽送花而不是在昨天就已送了花。

例（5a）中的条件句预设，话语语境使某个命题凸显，该命题与命题 {that John gives flowers to Mary tomorrow} 对立。这个条件在（5a）提供的语境中得到了满足，因为我们知道，约翰昨天就已给玛丽送了花。条件句断言，在某个语境凸显的过去时间（完成体的作用），对立命题在真实世界中的取值可以为真。条件句同时断言，能够使前件小句为真的所有可能世界，就是能够使后件小句命题取值为真的世界。也就是说，假如例（5a）取值为真，那么，所有的相关世界（在这些世界中，约翰明天给玛丽送花而不是在昨天就已送了花）同时也是包括事件"玛丽很高兴"的世界。

我们将 Ogihara（2000）的观点总结如下：首先，像例（5）这种类型的条件句在前件中包含焦点，语境能够提供与前件小句命题 A 对立的命题 B；其次，前件小句包含空算子 instead，预示着前件小句命

---

① Ogihara（2000）将 instead 定义为：$\lambda f_{<<i,<s,t>>,t>}$ [$\lambda p <i, <s, t>$ [? [$\exists t1$ [ˇ[p (t1)]] & $\forall q_{<i,<s,t>}$ [[f {p} & q ≠p] → ¬∃t2 [ˇ[q (t2)]]]]]，其中，$f_{<<i,<s,t>,t>}$ 指类型为 $<<i, <s, t>, t>$ 的变量，即时间未定的命题集合；$p <i, <s, t>$ 指代类型为 $<i, <s, t>$ 的变量，即某个时间未定的命题；i 指时间段类型；s 指世界类型；t 指真值类型。φ（φ属于类型 t）指代类型为 $<s, t>$ 的表达式（命题）；ˇp（p 的类型为 $<s, t>$）指代类型为 t 的表达式（句子）。

题为真而与之对立的命题为假；最后，过去完成体为小句提供了时间段，在该时间段的某个时点，对立命题在真实世界中取值为真。

Ippolito（2003）认为，Ogihara 的焦点说不正确。在有些情况下，对立命题在真实世界中根本不能取值为真。她给出了以下场景：

在他打算去纽约的前一个月，Charlie 去世了。Lucy 和 Sally 都知道这件事。现在，她们正在谈论这件事。Lucy 说，她相信，如果 Charlie 今天去了纽约，他会和朋友们聚会。Sally 不同意她的说法。她说，

（7） No. If Charlie had gone to New York TOMORROW$_F$, he would have met his friends.

命题"that Charlie went to New York at X"不可能为真，因为他从未去过纽约。可能选择（alternatives）自身就是非现实的（hypothetical），它们没必要存在于真实世界之中。

Ippolito 的例子表明，过去完成体将对立命题定位于真实世界的某个过去时点的说法并不完全正确。

违实条件句是否需要独立副词（contrasting adverb），也需要进一步的证据证明。以下是 Dudman（1984）的例子：

假设祖母已去世。她无法去参加明天的聚会。曾经的她生机勃勃，充满活力。我们知道，

（8） If Granny had gone to the rally, she would have been arrested.

例（8）的条件句有以下三个特征：第一，对违实事件做出假设；第二，前件为过去完成体语素；第三，对未来事件进行推测。然而，与前文的例句相比，例（8）没有时间副词。更有甚者，句子并没有预设祖母过去曾参加过聚会，或者是某个其他人将会参加聚会。事实上，除了假想将来聚会时祖母会出现，例（8）很难预设其他的东西。Ogihara 的"对立"概念不足以解释一般情况下的违实案例。

即使我们将条件句限定在前件小句有对比焦点的情况下，Ogihara 的理论也不能提供一个完整的解释。Dretske（1972）给出的例句证明了这一点：

(9) a. If Clyde hadn't MARRIED$_F$ Bertha, he would not have been eligible for the inheritance.

b. If Clyde hadn't married BERTHA$_F$, he would not have been eligible for the inheritance.

假设有如下语境：主人公 Clyde 发现自己无法容忍和女性保持任何一种长期的关系，因此打算做一个纯粹的单身汉。后来他了解到，如果他结婚，他可以在 30 岁时继承一大笔钱。他四处寻找，终于找到了 Bertha，一个全身心投入到古遗迹发掘事业中的考古学家，一年之中至少有十一个月不在家。考虑到和这个女人结婚会让自己的生活最低程度地受婚姻的影响，他求婚了，而 Bertha 也同意，他们最终结婚了。

在这个语境中，条件句例（9a）的取值为真，而例（9b）的取值为假。

Ogihara（2000）的方案无法解释例（9）。在例（9b）中，我们无法将前件小句理解为 "If Clyde hadn't married BERTHA instead"，对立命题的概念很难实施。假如对立命题 "Clyde 和 X 结婚了，X 不是 Bertha 而是其他人" 在真实世界中取值为真，那么，就会出现问题。我们能够说出（9b），如果 Clyde 和 Bertha 在真实世界中的确已结婚了，但是，我们并不认为，Clyde 结婚的对象是 Bertha 和另一位语境凸显的候选人。无须语境凸显，我们也能够判断，存在某一个人，Clyde 没有和她结婚。如果加上空算子 instead，命题在某个世界中的真值条件将会是：Clyde 没有和 Bertha 结婚，而是和所有的、语境凸显的候选人结了婚。条件句的 C – 集合是 ｛Clyde did not marry Bertha, Clyde did not marry Sue, Clyde did not marry Mary...｝，instead 小句的命题在某个世界中取值为真，当且仅当 C – 集合中唯一的真命题是 "Clyde did not marry Bertha"。也就是说，他和除 Bertha 外的其他所有人都结了婚，小句的命题取真值。这并不是我们需要的制约条件。

通过以上讨论，我们可以得出：前件小句中的焦点无须和空算子

instead 关联，语境凸显的对立命题也无须在真实世界中取值为真。Ogihara（2000）的方案缺少概括性。

二 Ippolito 的预设说

Ippolito（2003）用例（10）对违实现象做出了自己的解释。我们应该在以下语境中考虑例（10）的解读：Charlie 在学习意大利语，他在上星期决定参加高级意大利语的考试。不幸的是，他考试没能通过。如果晚几天考得话，他有可能受益于这几天的学习，从而通过考试。

（10）a. 非过去型条件句（Non – past Conditionals）

　　 # If Charlie took his Advanced Italian test tomorrow, he would pass.

　　b. 错误匹配过去型违实条件句（Mis – matched past Coun-terfactuals ）

　　 If Charlie had taken his Advanced Italian test tomorrow, he would have passed.

在给定语境中，（10a）的说法是不合适的。要对某个另外的考试时间做出违实假设，条件句的前件必须使用过去完成体语素，如例（10b）所示。

Ippolito（2003）从语义和语用的交互作用出发，推导出例（10a）与例（10b）的差别。她的假设既有语义因素也有语用因素。语义因素是要给出条件句的真值条件，推衍出句法语义界面条件以及时态在句子中的作用。语用因素是处理条件句的预设。

Ippolito 将情态词视为量词，其量化域是可能世界集合。以情态词 must 为例：

（11）$[[must]] = \lambda p \in D <s, t> \lambda q \in D <s, t> \forall w \in W (p(w) = 1 \rightarrow q(w) = 1)$

Must 与两个命题结合产生一个真值。该真值取值为真，当且仅当，所有的、存在于第一个命题外延中的可能世界在第二个命题的外延中也存在。第一个命题［p］确定了情态词的量化域。该命题的真值部分由可及性关系 R 决定，因为可及性关系 R 的作用是挑选相关世界并使其组成集合；另一方面，前件小句也起了部分的决定性作用。第二个命题［q］对应于后件小句。

情态词可及性关系的特征及其与时态的关系构成了 Ippolito 语义模型的绝大部分。根据情态词类型，可及性关系使对应于我们的知识、信念、渴求等的可能世界成为可能。知识、信念和渴求随着时间的变化而变化，而对此敏感的情态词量化域也会随之改变。她认为，我们当下的世界就和曾经有所不同。过去与知识、信念、渴求等兼容的东西目前可能不再如此。

可及性关系的特征必须具有时间敏感性，组成可及性关系必须要有一个世界以及世界—时间对。可及性关系 R 的语义类型为 $< s, < i, < s, t > > >$，其中，i 是时间域 I 的成员。情态词的量化域是一个可能世界的集合，我们可以用它们与某一个世界及评估时间的关系加以确认。一般情况下，可及性关系的时间论元是说话时刻。然而，在有些情况下，时间论元由过去时态担任。Ippolito 的观点是，时态既可以出现在情态词的制约条件内，也可以出现在核心辖域中。如果过去时态出现在情态词的制约条件内，它就会给可及性关系 R 的时间论元提供"过去"这个值。

Ippolito 并没有区分过去时和完成体。她将完成体看作过去时的一种表现方式。在例（10b）中，完成体为可及性关系的时间论元提供"过去"这个值。

根据 Ippolito（2003），在条件句 If γ, must δ 中，过去时为可及性关系的时间论元提供了一个值。例（12）为该条件句的逻辑式结构：

（12）

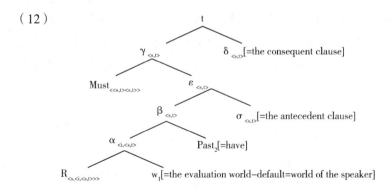

节点 β 是指在某个语境凸显的过去时间、与说话人世界中的可及性关系相对应的命题所组成的集合。如果可及性关系是认识型的（epistemic），β 就是指过去某个时间与已知事实相对应的命题集合。如果可及性关系是现实型的（realistic），那么，β 就是指过去某个时间与世界状态相对应的命题集合。

节点ε的语义由对应于可及性关系 β 的命题与对应于前件小句σ的命题相交而得①。其具体语义为，命题在过去时间 $Past_2$ 以及所有可及 w_1 的可能世界中取值为真，这些可及 w_1 的可能世界同时也是前件小句取值为真的可能世界。完成体在表层结构中处于前件小句之外，是可及性关系的"过去时间"论元，因此需要在前件小句之外解读。

根据以上假设，例（10b）的真值条件为：

（13）$[[S]]^{g,c} = 1$，当且仅当 $\forall w \in W [w$ 在 $g(2)$ 由 $g(1)$ 可及，且在 w 中，查理明天参加高级意大利语考试→查理在 w 中通过考试]，其中 $g(2) < t$，$g(1)$ 是真实世界，t 为说话时间，$g(2)$ 为语境凸显的过去时间。

假如例（10b）中的情态是现实型情态，那么，条件句的真值依赖于真实世界中的事件。根据例（13），例（10b）中的条件句取值为真，当且仅当，在某个语境凸显的过去时间，所有的可能世界 w 与真实世界相容（compatible），在此环境下，查理明天参加高级意大利

---

① Heim & Kratzer（1998）把这种语义操作称之为"谓项修饰"（predicate modification）。

语考试，其结果是他明天将通过考试。

条件句（10a）与（10b）的区别在于，（10a）中的过去时不影响可及性关系。为方便讨论，我们将例（10a）重写为例（14）：

（14）If Charlie took his Advanced Italian test tomorrow, he would pass.

除了过去时不限制可及性关系的时间变量外，例（14）与（10b）的真值条件相同。

（15）$[[S]]^{g,c} = 1$，当且仅当 $\forall$ 藤 $\in$ W [w 在 g（2）由 g（1）可及，且在 w 中，查理明天参加高级意大利语考试→查理在 w 中通过考试]，其中 g（2）= 说话时刻，g（1）是真实世界。

根据（15），例（14）中的条件句取值为真，当且仅当，在说话时刻，与真实世界相容的所有的可能世界 w 中，存在"查理明天参加高级意大利语考试"这一事件，这些可能世界同时也是后件小句取值的量化范围。

由于可及性关系和时态的交互作用发生了变化，例（14）与例（12b）的区别出现了。在说话时刻与真实世界相容的可能世界，就是指到说话时刻为止，与真实世界相似的世界。例（14）中条件句的量化范围就是查理已经参加了考试的可能世界，而我们关心的不是这些世界。这也就是例（14）不合适宜的原因。例（12b）中条件句的量化范围是不同的可能世界，这些世界在"过去"与真实世界相容，而在说话时刻则无须如此。

Ippolito 理论的语用因素表现在处理条件句的预设这个方面。她想用预设解释例（14）与例（12b）的区别①。

Ippolito（2003）认为，除了在真值条件上的区别外，例（14）与例（12b）在预设上也存在差别。例（14）预设，在说话时刻，前件与语境一致。例（12b）预设，在过去某个时间，前件与语境一

---

① Ippolito（2003）还对错误匹配过去型违实条件句中，前件小句取值为假的情况做出了语用上的解释。我们在此不做过多说明。

致。Ippolito（2003）列出了两类条件句的适宜性条件[①]：

（16）a. 非过去型条件句的适宜性条件

$P \cap C_u \neq \phi$，u 为说话时刻

b. 错误匹配过去型违实条件句适宜性条件

$P \cap C_{t2 < u} \neq \phi$，u 为说话时刻

适宜性条件与可及性关系的时间论元有关系。在违实条件句中，与适宜性条件相关的时间等于可及性关系时间论元的值。

Ippolito 的假设预测，说话时刻的普通知识与错误匹配过去型违实条件句的适宜性条件无关，但是与非过去型条件句的适宜性条件相关。例如，

（17）a. #Charlie is dead. If he came to the party tomorrow, he would meet Sally.

b. Charlie is dead. If he had come to the party tomorrow, he would have met Sally.

参加聚会预设某人还活着。只有在预设与说话时刻的背景知识相容的基础上，例（17a）中的条件句才是适宜的。根据例（16），例（17a）是不合适宜的。因为在说话时刻，Charlie 已经去世了。在说话时刻，预设的命题与背景知识的交集是空集。如果预设与过去某个时间的背景知识相容，那么，例（17b）中的条件句才是适宜的。根据例（16）的预测，例（17b）是适宜的。因为在条件句中有一个语境凸显的过去时间，预设命题与那个时间的背景知识的交集不是空集。显然，这个时间就是查理死亡之前的某个时间。

Ippolito（2003）的主要观点可总结如下：第一，条件句中情态词的量化域部分地由可及性关系 R 决定；第二，前件小句中的完成体是可及性关系的时间论元，在前件小句命题之外得到解读；第三，条件句的预设依赖前件小句中的完成体语素。

---

① 在例（16）中，P 代表的命题对应于条件句前件预设的交集，C_t 代表的语境集对应于在时间 t 时的普通语境。

下面，我们将讨论以下两个问题：第一，Ippolito 对前件小句中完成体的处理是否合理？第二，一般条件句与完成体条件句的区别用预设满足的时间来表示是否可行？我们将证明，这些观点都存在问题。

时间状语从句证明，完成体作为过去时在前件小句命题之外得到解读的观点是错误的。以 since - 从句为例，在英语中，since - 从句只与完成体相容（Kamp & Reyle，1995）：

（18）a. Mary has lived in Amsterdam since 1975.

b. Mary had lived in Amsterdam since 1975.

c. Mary will have lived in Amsterdam since 1975.

（19）a. * Mary lives in Amsterdam since 1975.

b. * Mary lived in Amsterdam since 1975.

c. * Mary will live in Amsterdam since 1975.

在例（18）中，since - 从句与过去、现在和将来完成体结构相容。从例（19）中可以看出，since - 从句与一般非完成体时态连用不合语法。

在 would 条件句中，since - 从句可以出现在前件小句里，这说明完成体应该在前件小句内解读。

（20）A：It's a pity the doctor didn't know her for very long.

B：Why?

A：Well, if she had known her since she was a child, for example, she would have known that she was allergic to penicillin.

（21）If you had lived in this house since 1963, you would have qualified for a rent subsidy.

此外，我们还能够用 for - 短语来证明。英语中，静态动词完成体的解读有两种方式：

（22）Mary has lived in Amsterdam for three years.

解读方式一，在过去时间的范围内，存在一个为期三年的时间段。在这个时间段内，玛丽住在阿姆斯特丹；解读方式二，玛丽现在住在阿姆斯特丹，这种状况已经持续三年了。我们关注的是解读方式二，因为 for – 短语用来修饰完成体所对应状态的持续时间。如果would 条件句的前件是完成体，那么，这种解读也能出现在 would 条件句中：

(23) a. If you had worked here for three years, you would have gotten a raise.

b. If you had known her for as long as I have, you wouldn't have made that mistake.

我们可以将例（23a）解读为对以下情境的假设：你三年前开始在这儿工作，并且目前仍在这儿工作。同样，例（23b）可以解读为：假设你和我同时认识她，并且目前仍认识她。如果我们接受以上解读，即 for – 短语修饰完成体所对应状态的持续时间，那么，完成体必须是前件小句的一部分。

一般过去时条件句与完成体条件句的区别用预设满足的时间来表示同样不合理。Ippolito 用前件命题预设和评估语境的相容性来表述条件句的适宜性条件。然而，根据 Heim（1992），语境必须蕴含预设，两者只有相容性关系远远不够[①]。

(24) $C + \alpha$ 是适宜的，当且仅当 $\{w: w \in C\} \subseteq \{w: w \in \beta\}$，如果适宜，则

$$C + \alpha = C' = \{w: w \in C \ \& \ w \in [\ [\alpha]\ ]^c\}$$

例（24）是语境更新的简单图式。只有在语境蕴含句子预设的情况下，用一个句子来更新语境才是可行的。如果更新有效，则更新操作的结果就是获得一个新语境，该语境就是旧语境与更新句命题的交集。例（24）的适宜性条件要强于 Ippolito（2003），因为它要求预设

---

① 在例（24）中，α 表示一个句子，β 是句子 α 所预设的命题，w 表示可能世界，C 表示语境。

必须被语境蕴含，而不仅仅是与之相容①。如果 Ippolito 采纳 Heim
（1992）的强条件假设，那么她的适宜性条件就会是例（25）：

（25）a. 非过去型条件句的适宜性条件

$C_u \subseteq \neq \phi$，u 为说话时刻

b. 错误匹配过去型违实条件句适宜性条件

$C_{t2 < u} \subseteq P \neq \phi$，u 为说话时刻

Ippolito 之所以不采纳这种强条件假设，是因为强条件假设会引起
错误的预测。以（17）为例［重写为（26）］：

（26）a. #Charlie is dead. If he came to the party tomorrow, he would
meet Sally.

b. Charlie is dead. If he had come to the party tomorrow, he
would have met Sally.

"明天参加聚会"预设"明天还活着"。在例（26）中，条件句
的语境是，我们知道"他明天还活着"这个命题为假。根据适宜性
条件例（25），我们能够正确地判定（26a）是不合适宜的，因为，
会话背景在说话时刻不蕴含前件小句的预设。然而，例（25）也会
将符合适宜性条件的例（26b）也判定为不合适宜。我们目前知道查
理已去世，然而，这并不意味着在过去某个时间，我们知道他"明天
还活着"。根据信息更新理论例（24），我们目前所知的是过去所知
的子集。如果事实不是"在过去某个时间，我们知道他明天还活
着"，那么就不会存在一个过去语境，该语境蕴含前件小句的预设。
条件 $C_{t2 < u} \subseteq P$ 在任何一个过去时间都无法得到满足。

（27）a. #Nobody saw the robbery. If the witness had managed to see
the thief's face, he would have been apprehended.

b. #George does not live in California. If Sara had known that

---

① 强条件在语境更新中是必需的。若预设仅仅只需和背景知识相容，那么预设所表达
的话语，例如，my sister went home，就不需要预设 we know that I have a sister。事实上，一旦
我们使用了 my sister，那么大家就会知道，I have a sister。

George lives in California，he would have visited him.

条件句例（27）的前件有以下预设：例（27a）存在一个定指描述，预设独特性（uniqueness）和存在性（existence）。例（27b）中有一个事实动词 know，预设其补语的值为真。根据 Ippolito 的假设，如果例（27）中的预设与某个事先的语境相容，那么条件句应该是适宜的。对于例（27a），我们需要的语境在事件"we learned that nobody saw the robber"之前；对例（27b）而言，我们需要的语境是在事件"we learn that George does not live in California"之前。在例（27）中，相关语境已经给出。但是由于某种原因，这些例子并没有起作用。即使有一个过去语境和预设相容，条件句也不适宜：

（28）a. There was a robbery last night. If the witness had managed to see the thief's face, he would have been apprehended already.

b. # There was a robbery last night. Nobody saw it happen. If the witness had managed to see the thief's face, he would have been apprehended already.

例（28a）表明，用句子"There was a robbery last night"更新后的语境与定指描述"the witness"的预设相容。例（28b）表明，如果我们在（28a）的基础上用句子"Nobody saw it happen"再次更新语境，更新后的语境与预设不再相容。如果违实条件句适宜性的全部要求就是与某个先前的语境相容，那么例（28b）也应该是合适的。

尽管 Ippolito 的预设说在解决一般过去时条件句和过去完成体条件句的解读方面成绩斐然，然而，仍有大量的细节工作需要完善。

第三节　一般过去时 would 条件句的解读

前几章我们谈道，前件小句中的"体"影响 would 条件句的解读范围。Lewis（1973）指出，包含一般过去时事件动词的条件句与直陈条件句相似。过去时的静态动词和完成体，可以得到"真正违实"

的解读。

试考虑以下案例：假设 A 的植物昨天已死亡。要在另一个世界中找到该事件的对应体，我们需要在这个世界中找到一个事件，该事件也在昨天发生。如果世界中的事件是植物明天死亡而不是昨天死亡，我们就找不到这个事件。然而，完成体的使用可以解决这个问题。在这些可能世界中，植物死亡事件并不是定指真实世界中的植物死亡事件。在我们的方案中，完成体的主要特征是引入一个自由变量，同时为前件小句的解读引入一个指示性维度（deictic dimension）。若前件小句的动词是完成体，则事件变量直接指向真实世界中的事件。在其他世界中识别该事件的可能性依赖于其他世界中也存在类似事件，这些事件在时间参数上符合真实世界中的真实事件。

一　状态与事件

对于 would 条件句中"体"的作用，我们主要关注以下两个方面：一是完成体的解读，二是静态完成体小句中的动词不是真正意义上的完成体。静态小句在逻辑式上区别于事件小句，静态动词的主要功能是展现时间特征。

"体"的研究涉及动词谓项基本特征的研究。Vendler（1967）把动词分为四类：静态动词（states），活动动词（activities），达成动词（achievements）和完成动词（accomplishments），这种分类得到了一系列测试（如 for - test；in - test 和 progressive - test）的支持（Dowty，1979）。

有些学者认为，静态和事件之间存在根本差别（Parsons，1990；Katz，1995；Kratzer，2001）。在新戴维森框架下，Parsons 阐明了两者的差别：静态和事件之间的区别在于分类特征（sortal property）。它们是两类不同的事物。Katz（1995）认为，静态句和事件句在逻辑式上存在差别。我们赞同 Katz 的观点，然而在技术细节上与之略有不同。

Katz（1995）认为，静态句和事件句在量化力上不同。事件句对事件做出存在判断，而静态句并不是对状态做出存在判断，后者只是存在（hold）于某个时间。事件句支持事件照应语（eventive anaphora），而静态动词则不行。例如：

（29）a. Kim kissed Sandy.

　　　b. It bothers Sue.

　　　c. It was at noon.

（30）a. Kim loves Sandy.

　　　b. It bothers Sue.

　　　c. * It was at noon.

例（29b）与（30b）说明，事件句和静态句都支持命题照应语。然而（c）例表明，只有事件句才支持事件照应语。

尽管这些例子无法让人完全信服[①]，我们仍采纳 Katz 的观点，即静态小句并不是对状态进行量化。

Parsons（1990）认为，事件句和静态句的逻辑式没有区别。事件句是有关事件的，而静态句是有关状态的。然而，事件与状态却存在一个本体上的差别，它们分别属于不同的事件类型。

下面我们将对事件句基于事件的分析进行述评，然后将其扩展到对静态句的分析上。受 Davidson 的影响，Parsons 用修饰语逻辑和感知报道解读来证明自己的观点。

（31）Brutus stabbed Caesar in the back with a knife.

由例（31）可得，Brutus 刺到了 Caesar，他刺中了 Caesar 的后背，他是用一把小刀刺的。Parsons 认为，这个证据证明了以下分析：

（32）∃e [Stabbing (e) & Subject (e, Brutus) & Object (e, Caesar) & In (e, back) & With (e, knife)]

通过类似于例（32）中的合取分析，我们可以解释为什么能够从

---

① 以下例句可以视为对 Katz（1995）的反例：

（i）Kim loved Sandy for many years.

（ii）Kim loved Sandy. It lasted many years.

例（31）中得出类似推断。这些推断对应于例（32）中不同的合取词。

Parsons 指出，状态动词无法采用类似的方法分析，它很难与多重修饰语合并。最有证明力的句子，他认为是例（33）。然而，即使是这个例子也无法给基于静态（state - based）的分析提供足够的证据（Parsons，19990）。

假设一台电视机位于书桌和餐桌之间。书桌和餐桌隔得很近，几乎挨着。下面的句子可能是正确的：

（33）The TV sits on the desk by the lamp.

　　　The TV sits on the table by the computer.

例（33）并不蕴含着例（34）：

（34）The TV sits on the desk by the computer.

以上场景有两个自然解读：一个是在书桌上且在台灯旁，另一个是在餐桌上且在电脑旁。状态修饰语无法被解读为能够自由合并的合取词。

感知报道句的情况也是如此。感知报道句就是指一个包含感知动词和无时态补语小句的句子。例如，

（35）a. Mary saw Brutus stab Caesar.

　　　b. Sam heard Mary shoot Bill.

　　　c. Agatha felt the boat rock.

根据 Higginbothan（1983），Parsons（1990）将例（35a）分析为如下结构：

（36）∃e［Seeing（e）& Subject（e，Mary）& ∃e'［Stabbing（e'）& Subject（e'，Brutus）& Object（e'，Caesar）& Object（e，e'）］］

根据（36），例（35a）取值为真的条件是：存在一个"目睹"事件，Mary 是事件的主语，宾语为事件"Brutus 刺杀 Caesar"[①]。

---

① 这种分析经过多次修正，通过了 Barwise（1981）的重重测试。

感知报道句支持对事件动词"基于事件"的分析方法，因为这种分析允许对感知报道句自身做出分析。此外，它们还为静态动词"基于状态"的分析方法提供了依据证明，尽管 Parsons 本人觉得，这些依据证明不直接而且也很弱。

二　对状态的分析

我们同意 Katz（1995）的观点，认为静态句和事件句的逻辑式存在差别。这种区别源自更为基础的事件动词语义和静态动词语义之间差别。我们认为，事件动词定义事件特征，而静态动词则定义时间特征。

尽管我们对静态动词的处理是受 Katz 的影响而来，然而在具体的操作细节上与后者不同。其中一条区别是，谓项管辖时间，而时间变量直接进入句子的语义计算。事件的时间参数由句子表达提供，而不是由解读函数中的评估时间参数决定。

由于静态动词定义时间特征，因此，静态动词短语 VP 可定义如下：

（37）　a. Your plant is healthy.

　　　　b. $\lambda t \lambda w$ [your – plant – is – healthy (t) (w)]

静态动词和事件动词的类型差异能够预测时态与动词短语的交互作用。在时态指称理论中，时态定义时间段。因此，它们能够与静态动词直接组合。

（38）

$$
\begin{array}{c}
\text{TP} \\
\diagup\diagdown \\
t_i \quad \text{VP} \\
\diagup\diagdown \\
\text{Your plant is healthy} \\
\lambda t \lambda w \ [\text{your-plant-is-healthy(t)(w)}]
\end{array}
$$

组合之后的 TP 语义为：

（39）［［ TP tᵢ［ VP Your plant is healthy ］］］ = λw［ your - plant -
is - healthy（tᵢ）（w）］

例（38）中的 TP 定义例（39）的命题。该命题在某个世界中取值为真，当且仅当，时间 tᵢ 具有如下特征：在该时间，你的植物没问题。

若 TP 是 if 小句，时间论元被抽象，则 TP 的定义为 λtλw［ your -
plant - is - healthy（t）（w）］。以（4）为例（重写为例（40））：

（40）A：I'm worried about my plants.

B：Oh, they simply do not have enough light. If they had enough light, they would be fine.

情态词和时间论元合并，将前件小句的评估时间定位至某个凸显的过去时间。情态词的量化范围是以下世界，这些世界包括真实世界中"过去"的对应体，且例（41）取值为真：

（41）λw［ your - plant - have - enough - light（t）（w）］，t 为非过去时间

在这些世界中，非过去时间具有以下特征：在这个时间，你的植物有充足的阳光。条件句的含义是，在情态词量化域中的可能世界里，植物没有问题。量化域可以包括真实世界，也可以不包括真实世界，这依赖于真实世界中植物的状况（在真实世界中，植物有充足的阳光或没有充足的阳光。如果是前者，量化域包括真实世界）。这就说明了为什么前件小句为假，而条件句（40）的取值却为真。

三　对事件的分析

我们拟对事件动词采用基于事件的分析法，事件动词短语定义事件特征（Parsons, 2000; Kratzer, 2001）。例如，

（42）a. Your plant dies

b. λeλw［ your - plant - dies（e）（w）］

根据例（42），VP 短语不能与时态直接合并，它们的类型不匹配：事件动词不带时间作为其论元。它们与时态直接合并的后果是，

表达式语义异常。

（43）

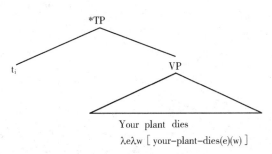

$$\lambda e\lambda w\,[\,\text{your-plant-dies(e)(w)}\,]$$

我们赞同 Kratzer（1998）的观点，认为事件动词与时间之间有"体"联系，"体"词首可以将事件特征映射到时间特征上。它们规定了事件的"视角"：完成体词首将事件的延续时间定位在某个时间；而非完成体词首则将某个时间定位在事件的延续时间内（Smith，1991）。这种对比解释了我们的直觉：完成体使我们在看待事件时感觉它们已完成（从外部看），而非完成体则带有事件继续的意味（从内部看）。

英语中并非总是有显性的体标记。在缺少显性形态标记的时候，能够将事件特征映射到时间特征上的"体"词首就是完成体词首（Bennet & Partee，1978）。在英语中，"体"对现在时态的制约可以用以下情况说明：事件还不够小，不足以匹配说话时刻①。他们的观点是，事件必须在时态对应的时间段以内。

在我们的分析中，完成体是指示性的。我们对完成体的解读与可能世界紧密相连，在这些世界中，相关事件具有真实世界事件的特征。完成体之所以会对句子的解读产生这种影响，是因为它引入了一个自由事件变元，该变元能够将解读"锚定"在真实世界的事件上。

完成体与时态和事件动词合并，产生解读例（44）：

（44）$[\ [\ _{\text{TP}}\ t_i\ [\ _{\text{AspP}}\ \emptyset_{\text{perfective-e}}\ [\ _{\text{VP}}\ \text{your plant dies}\ ]\,]\,]\,]\ =$
$\lambda w\,[\ \text{your-plant-dies}\,(g\,(e))\,(w)\ \&\ \text{running-time}\,(g\,(e))\subset$

---

① Bennet & Partee（1978）用这个解释说明，为什么像"She eats an apple"这类句子不能说。

t_i]

例（44）的逻辑式为例（45）：

（45）

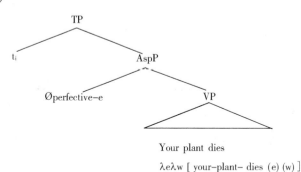

根据例（44），TP［t_i［$_{AspP}$ $\emptyset_{perfective-e}$［$_{VP}$ *your plant dies*]]] 定义一个命题，该命题在某个世界中取值为真，当且仅当，事件 e 具有以下特征：该事件为 "your plant is dying" 事件，事件具有时间延续特征且延续时间包括在 t_i 内。若 TP 是 if 小句，时间变元被抽象，则导致时间特征定义的出现：$\lambda t\lambda w$［your–plant–dies（g（e））（w）& running–time（g（e））$\subset$ t］。

在我们的分析中，变元 e 涵括事件，这些事件是可能世界的组成部分。该事件在另一个世界中发生，意味着我们将该事件与其他世界中的事件进行匹配。这种事件之间的匹配操作只有在符合以下情况时才能进行：事件的时间参数是该事件最主要的特征，它不会随着世界的变化而变化。如果另一世界中的事件发生在不同的时间，则此事件不是彼事件。

如果我们用例（44）限制情态词的量化域，由于表达式中含有自由事件变元，情态词管辖的可能世界里就会有与真实世界事件（此事件，即 "the death of your plants"）相匹配的彼事件。与前件小句对应的命题仅在这些可能世界里取值为真。为了更好地理解这段话，我们对例（3）［重写为例（46）］做再次分析：

（46）I am rather relieved that your plants died yesterday. [#] If they died next week, I would be very upset.

例（46）中，情态词管辖的可能世界包括真实世界"过去"的对应体，在这个对应体中，例（47）取值为真[①]：

（47）λw [your – plant – dies（e）（w）& next week（e）（w）& running – time（e）⊂ t]

例（47）中的事件变元直接指向真实世界事件。从某种意义上说，这使得前件小句的解读具有了"指示性"：只有在和语境提供的参数有某种直接关联的情况下，前件小句才能够得到解读。

例（47）中的自由变元指代真实世界事件"your plant is dying"。命题在不同于真实世界的可能世界 w' 中取值为真，如果与真实世界事件"your plant is dying"相匹配的彼事件在可能世界 w' 中发生于下星期。

为什么例（46）不能得到常规的违实解释？为什么情态词不能只管辖那些可能世界，在那些世界中，植物死亡事件发生在下星期而不是在过去？如果植物死亡事件真实地发生在过去，那么，其他世界中与真实世界死亡事件相匹配的死亡事件也会发生在过去。我们的观点是，匹配关系可以识别其他世界里的事件 e，但是它并不会将事件 e 与非过去事件匹配。也就是说，若植物死亡事件发生在真实世界中的过去，那么，在对应的可能世界中，该事件就不会与发生在将来的类似事件匹配。这也是例（46）之所以奇怪的原因。要使例（47）中的命题在某个世界中取真值，真实世界中植物死亡事件的时间必须与将来时间相匹配。然而，事实并非如此。这也导致例（46）中情态词的量化域成了空集。

有趣的是，由于完成体的"指示"作用，依据植物死亡事件在真实世界中的特征，例（46）中的前件小句可以对应不同的命题。如果植物在过去死亡，那么，前件命题在真实世界中取值为真，在可能世界中（植物在可能世界中的过去死亡）的取值也为真。如果植物在将来死亡，那么，前件命题在真实世界中取值为真，在可能世界中

---

① 例（46）中，e 为真实世界事件，t 为非过去时间。

（植物在可能世界中的将来死亡）的取值也为真。

为了更好地说明这一点，我们将例（46）和例（1）［重写为例（48）］做一个对比：

假设某人 A 将在下周外出度假，请求 B 帮其照顾家里的植物。B 接受，但略感紧张，因为他对植物不内行。

（48）A：Could you look after my plants next week while I am away?

　　　B：Of course, but I am rather nervous. If your plants died next week, I would be very upset.

在两个例子中，情态词的量化域都是可以使例（47）取值为真的世界。然而，例（47）实际定义的命题在两个语境中不同。

在例（48）描绘的场景中，并没有植物死于过去的真实事件。植物会在未来死亡，但我们不知道是什么时候。B 担心这个时间可能是下星期。在其他世界中，识别 e 的匹配条件对真实世界事件 e 敏感。如果匹配关系为严格的对应体关系，句子表达合理。如果植物死于下周是我们真实的认知，那么，无论真实世界中 e 的特征如何（植物死于过去还是死于将来），真实世界事件与其他世界中的植物死亡事件（植物死于下周）匹配。

在例（46）中，我们知道植物已在过去死亡。适应于 e 的严格对应体关系不允许将来事件匹配真实世界事件。在这种情况下，前件命题在任何一个可能世界中都不可取值为真。例（47）无法为情态词量化域提供合适的制约方式。

为了识别其他世界中真实世界事件的对应体，匹配关系在解读完成体 would 条件句时引入了认识成分（epistemic element）。在解读 would 条件句表示将来时，Lewis（1973）把它称为"具有直陈句意味"的成分。事件特征影响前件命题，事件的进展情况则影响整个条件句的解读。

四　小结

我们在本章第一节中指出，与违实条件句不同，过去事件型

would 条件句类似于直陈条件句，其情态词的解读明显有别于其他违实句。然而事实并非如此。解读差异实际上是由前件小句是否与真实世界事件关联造成的。若前件小句与真实世界事件关联，那么，事件匹配关系将参与句子的解读。

第四节　完成体 would 条件句的解读

在本节，我们将回答为什么完成体前件小句与已然体前件小句的表现迥异。在例（2）［重写为例（49）］中，植物可能在下周死亡明显正确：

假如 A 的植物在他外出度假前已经死亡，他取消了对 B 的请求。B 对此表示遗憾，同时也松了一口气。

（49）A：Don't worry about looking after my plants. They died yester-
day.

　　B：I am sorry, but also a bit relieved. If your plants had died
next week, I would have been very upset.

我们感兴趣的是，为什么前件小句中的完成体可以通达到可能世界：在那些可能世界中，事件与真实世界死亡事件的时间参数不吻合。我们的观点是，完成体与状态类似，与事件没有联系。

一　完成体的静态特征

有关完成体的解读，目前仍有不少疑问。有的学者关注完成体的时间定位以及对修饰语的制约（McCoard，1978；Pancheva & Von Stechow，2004）；有的关注完成体的"明证特征"（evidential properties）以及情态维度性质（Izvorski，1997；Portner，1992）。

本节关注的重点是，完成体能够引入"终结状态"（result state）

这一观点①。"终结状态"理论是指完成体能够引入事件完成后所处的状态（Parsons，1994；Kratzer，1998），我们可以在不少著述中找到。Kratzer（1998）用例（50）定义了这种状态：

（50）［［have］］（P）= λtλw∃e［P（e）（w）& t > running – time（e）］

　　　P指事件的特征

Parsons（1994）和 Kratzer（1998）的共同点是，他们都认为完成体引入了事件完成之后的"终结状态"。两者的不同之处在于，前者直接将完成体与状态关联，而后者用时间特征来表述。

两者相比，Kratzer（1998）的表述更为准确清晰。完成体引入终结状态，该状态作为已然事件的结果出现，这完全符合状态是时间特征这一观点②。

二　条件句前件小句中的完成体

在完成体前件小句中，VP 通过"体"词首与时态相连。小句 ［t_i［perfect［your plant dies］］］的定义为：

（51）

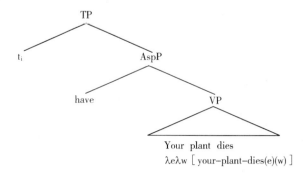

---

① Parsons（1994）认为，对于每一个终结性事件 e，都有一个与之对应的状态 s，该状态在事件终结后永远存在。我们将它称作"e 的终结状态"（Resultant state of e）。

② Kratzer（1998）认为，完成体量化域中的成员是事件，完成体与事件没有直接关联。这将会导致非指示性"体"词首的出现。

其真值条件为：

(52) $[_{TP}\ t_i\ [\ have\ [_{VP}\ your\ plant\ dies\ ]\ ]\ ]$

$=\lambda w\ \exists e\ [\ your-plant-dies\ (e)\ (w)\ \&\ t_i > running-time\ (e)\ ]$

根据例（52），例（51）中的 TP 定义一个命题，该命题在某一世界中取值为真，当且仅当在这个世界中存在一个植物死亡事件，事件的延续时间先于 t_i。相应 if 小句的定义是：

(53) $\lambda t\lambda w\ \exists e\ [\ your-plant-dies\ (e)\ (w)\ \&\ t > running-time$
$(e)\ ]$

仍以（49）为例：例（49）中情态词的量化域由可能世界构成，在这些可能世界中，真实世界的"过去"先于某一时间，该时间在植物死亡事件发生的时间（下周）之后。前件命题在这些世界中取值为真：

(54) $\lambda w\ \exists e\ [\ your-plant-dies\ (e)\ (w)\ \&\ next\ week\ (e)\ (w)\ \&$
$t > running-time\ (e)\ ]$
$\qquad$ t 为非过去时间

该命题在某个世界中取值为真，如果这个世界中存在一个"植物下周死亡"事件，该事件发生在某一个非过去的时间之前。

若例（54）为 would 条件句的前件，过去时间必须先于某个植物死亡事件发生之后的时间。通过这种方法，我们能够确保，事件可以发生在过去，也可以发生在现在，还可以发生在将来。无论死亡事件发生在什么时间，"过去"都能够先于这个时间。在例（54）中，植物死亡事件发生在将来（next week），事件时间有了严格限制，因而确保了"将来"的解读。

如果过去完成体前件小句中没有明确的时间指示词，则句子很难得到"将来"解读。这可能是由以下原因造成的：我们通常都是将完成体的指示时间解读为一个凸显的时间段，除非另有标记，这个指示时间指的是说话时刻。

前件小句中的完成体并没有给事件的时间定位增加多少新信息。我们说事件发生在某个非过去的时间之前，并没有在很大程度上缩小时间选择的范围。那么，为什么前件小句中的完成体还起着如此重要的作用呢？

事实上，完成体的主要贡献是约束事件变元。我们在例（54）中发现，事件变元被存在算子约束，不指代任何事件。它之所以能够在某个世界中取值为真，是因为存在某个"植物下周死亡"事件，该事件先于将来时间。这是完成体的重要作用。在缺少事件指代（reference to events）的情形下，没有必要为事件计算出一个匹配关系。真实世界中植物死亡的时间定位与例（54）的真值无关。植物死亡事件取值为真的可能世界与真实世界之间不需要对应体关系。

以（49）为例：根据真实世界的特征，"过去"先于"植物将来死亡"的时间，当且仅当植物在"过去"没有死亡。情态词量化域中的可能世界就是以下世界，在这些世界中，真实世界"过去"的对应体不包括"植物死亡"事件。包含完成体的前件小句可以轻易得出"真正违实"的解读。

三　小结

完成体词首不具有指示性，而完成体的主要功能是起存在量词的作用，约束事件变元。由于这个原因，真实世界事件与可能世界事件之间的联系被阻断。真实世界"植物死亡"事件的特征不会影响前件小句命题。前件小句中的完成体允许情态词通达至可能世界，在这些世界中，植物在另一时间死亡。

构成情态词量化域的世界是"植物死于将来"的世界，而不是"植物死于过去"的世界。真实世界"过去"的特征是，它不可能先于"植物将来死亡"事件——如果真实世界"过去"已包含一个植物死亡事件。要让植物死亡两次，这个世界很难设想。真实世界"过去"的对应体不同于真实世界"过去"的地方在于，包含前者的可能世界中不存在植物死亡事件。

第五节　来自修饰语的证据：时间状语小句和关系分句中的"体"效应

前件小句中修饰语的行为证明了完成体和已然体小句间的差别。我们在本节讨论两类修饰语：包含时态的时间状语小句和关系分句。在9.3和9.4中对主句的逻辑分析同样适合于从属分句。如果修饰语中包含一个一般过去时事件动词，那么，该事件将通过严格的对应体关系在其他世界中被识别，继而使真实世界事件的特征与句子的解读相关。

（55）a. #George didn't read the book review in The New York Times. If he had bought the book after he *read* that review, he would have been incredibly silly.

b. George didn't read the book review in The New York Times. If he had bought the book after *reading* that review, he would have been incredibly silly.

由（55a）可以看到，如果前件中的 after 小句包含一般过去时语素，与例（55b）相比，例（55a）的前件要糟糕一些。究其原因，我们认为，这是由于真实世界中没有事件具有合适的特征而引起的①。如果真实世界中有合适的事件，情况会更好：

（56）George decided not to buy the book after he read the book review in The New York Times. If he had bought the book after he *read*

---

① 我们之所以用一般过去时和不含时态的动名词短语做比较是因为，如果我们在句子中使用完成体，两个句子都会很糟糕。（i）＊ George had dealt with the superintendent after he had filed a complaint. 如果我们统一使用一般过去时或一般过去时加动名词短语，句子则会非常完美：

（ⅰ）＊ George had dealt with the superintendent after he had filed a complaint.

（ⅱ）George dealt with the superintendent after he filed a complaint.

（ⅲ）George dealt with the superintendent after filing a complaint.

that review, he would have been incredibly silly.

When 小句的情况也是如此：

(57) a. ＃It's a good thing that Sara did not come to the party. If George had·snorted when she *came in*, she would have been offended.

   b. It's a good thing that Sara did not come to the party. If George had snorted when/while she *was coming in*, she would have been offended.

例（57b）中的过去进行体语素不是已然体，因此不指代事件，与其他世界中的事件也没有严格的对应体关系。与一般过去时已然体语素相比，过去进行体语素的可接受性更大。如果真实世界事件能够成为状语从句提及事件的对应体，一般过去时已然体也可接受：

(58) It's a pity that Sara sneezed during the speech, but at least George took no notice. If he had laughed when she *sneezed*, it would have been very embarrassing.

在例（58）中，"Sara 在过去某个时间打喷嚏"是真实世界的事件，该事件与情态词量化域中可能世界里的"Sara 在过去某个时间打喷嚏"事件有严格的对应体关系①。

来自关系分句的证据同样支持这一观点。如果关系分句所描述的事件与真实世界事件的时间参数不匹配，那么，关系分句中的动词就不能是一般过去时的事件动词。这种情况下，我们使用的是完成体：

(59) a. ＃Unfortunately, Professor Smith died before finding a cure for insomnia. But if the cure the professor *discovered* had been very expensive, the insurance companies would not have made it available to the general public anyway.

---

① 如果 when 小句有"while"解读，一般过去时也可接受，例如：Thank God George did not come down the stairs. If he had slipped when he came down, he would have sued us. 在以上解读中，"体"词首不是完整体。由于篇幅的原因，我们将此现象留待以后研究。

b. Unfortunately, Professor Smith died before finding a cure for insomnia. But if the cure the professor *had discovered* had been very expensive, the insurance companies would not have made it available to the general public anyway.

（60） a. #The witness did not actually see the robber. But if the man the witness *saw* had been African American, the press would have commented upon it.

b. The witness did not actually see the robber. But if the man the witness *had seen* had been African American, the press would have commented upon it.

不能使用一般过去时的事件动词并不是关系分句对其动词的固有要求。下面这些例子都是正确的：

（61） a. It is lucky that the cure for insomnia that Professor Smith *discovered* is so cheap. If the cure the professor *discovered* had been very expensive, the insurance companies would not have made it available to the general public.

b. It is fortunate that the witness did not see an African American man. If the man the witness *saw* had been African American, the press would have commented upon it.

我们认为，这是由于关系分句所描绘的事件与某个真实世界事件匹配的结果①。

一般过去时事件动词与一般过去时状态动词在关系分句中的表现也不一样。例如，

（62） a. Unfortunately, there isn't a single philosopher that my wife admires. But if a philosopher that my wife admired had visited the department last semester, I would have invited him to

---

① 对比（58a）、（59a）与（60），我们发现，条件句前的背景知识句对句子的接受度有明确的影响。

our house.

b. #As far as I know, my wife has never insulted any philosopher. However, if a philosopher that my wife insulted had visited the department last semester, I would have invited him to our house.

例（62b）的问题不是前件小句事件的时间顺序不同造成的。我们不能将问题归结于时态语素与事件之间的相关顺序不匹配：

（63）#My wife, recently departed, never insulted any philosopher. But if a philosopher that my wife insulted visited the department, I would still invite him to our house.

（64）During the course of her career, my wife has insulted many philosophers. But if a philosopher that my wife insulted visited the department, I would still invite him to our house.

对比例（63）与例（64）可知，关系分句和前件小句都用一般过去时并不是错误产生的根源。句子是否可以接受，应该由语境中的背景知识决定。

第六节　来自其他语言的证据：西班牙语和法语中的"体"效应

不同类型的"体"是否可以将事件定位至真实世界，由其自身的"完整性"（perfective）决定。Bonomi（1997）用西班牙语的例句说明了这一点①：

---

① 例（64）中西班牙语动词 vedeva 和 apriva 为未然体动词，英译中的 IMP 表示未然体，例（65）中的 PERF 为已然体。除了西班牙语，Bonomi（1997）还提供了法语的例子：
(1) Quand le moment de son passage me semblait proche, je remontait d'un air distrait
   Whenever the moment of her appearance seemed near, I went up with an air of indifference
(ii) Quand it tourna la tête, je vis que je m'étaistrompé
   When he turned his head, I realized my mistake

（65）Quando mi vedeva, il custode apriva la porta.

When me saw – IMP the janitor opened – IMP the door

Whenever the janitor saw me, he opened the door.

（66）Quando mi vide, il custode apri la porta.

When me saw – PERF the janitor opened – PERF the door

（In a particular circumstance）when the janitor saw me, he opened the door.

例（65）中的未然体具有"whenever"的解读，而例（66）中的已然体的解读为"one time only"。对于两者的区别，Bonomi 的解释是，两句中存在不同类型的隐性副词量化语，这些量化语使两句的解读出现差异。当然，他本人也承认，这种解释也有不足之处。因为，即使句子中出现了显性副词量化语，未然体和已然体的解读差异也依然存在。

Menéndez – Benito（2002）也讨论了西班牙语的情况。

（67）Simpre que vino a mi casa, Juan fumó.

Always that came – PERF to my house Juan smoked – PERF

When Juan came to my house, he always smoked.

（68）Simpre que venía a mi casa, Juan fumaba.

Always that came – IMP to my house Juan smoked – IMP

When Juan came to my house, he always smoked.

尽管例（67）与例（68）词汇相同，两者的意义有明显区别。要使例（67）取值为真，情境中必须要有"偶发"的因素存在，例（68）则没有这个要求。已然体表示"偶发性"，而未然体表示"非偶发性"。"非偶发性"是规律性的阐述，而"偶发性"则包含"事件随时空变化而变化"之意。在意大利语中，情况也是如此[①]。

"非偶发性"实际上就是指情态，其真值条件与非真实世界相关。

---

① 有关意大利语的情况，可参考 Lenci & Bertinetto（2001）以及 Bertinetto & Lenci（2012）。

"偶发性"事件的真值条件纯粹依赖真实世界中已发生的事情。包含已然体的句子没有"非偶发性"特征，意味着已然体与真实世界中已发生的事情相关，未然体则不然。

第七节　结论

在本章，我们讨论了完成体与非完成体、已然体与未然体在确定条件句真值时所起到的作用。完成体词首不具有指示性，其主要功能是起存在量词的作用，约束事件变元。由于这个原因，真实世界事件与可能世界事件之间的联系被阻断。前件小句是否与真实世界事件关联决定非完成体条件句的真值。已然体的"偶发性"特征决定已然体条件句的真值，其真值条件纯粹依赖真实世界中的事件和状态。未然体的"非偶发性"特征使条件句的真值条件与非真实世界相关，条件句的取值范围是情态词量化域中，包含真实世界对应体的所有可能世界。

参考文献

[1] Barwise, Jon. 1981. Semantic Innocence and Uncompromising Situations [A]. In P. French, T. Uehling, & H. Wettstein (eds.), *Midwest Studies in the Philosophy of Language* VI [C], 387 – 403. Minneapolis: University of Minnesota Press.

[2] Bennet, Jonathon & Barbara Partee. 1978. *Towards the Logic of Tense and Aspect in English* [M]. Indiana: Indiana University linguistics Club.

[3] Bertinetto, Pier & Alessandro Lenci 2012. Pluractionality, habituality and gnomic imperfectivity [A]. In Robert Binnick (ed.), *Oxford Handbook of Tense and Aspect* [C], 852 – 880. Oxford: Oxford University Press.

[4] Bonomi, Andrea. 1997. Aspect, Quantification and When – clauses in

Italian [J]. *Linguistics and philosophy* 20: 469 – 514.

[5] Dowty, David. 1979. *Word Meaning in Montague Grammar* [M]. Dordrecht: Reidel.

[6] Dudman, Victor. 1984. Conditional Interpretations of If – sentences [J]. *Australian Journal of Linguistics* 4: 143 – 204.

[7] Dretske, Fred. 1972. Contrastive Statements [J]. *The Philosophical Review* 81: 411 – 437.

[8] Heim, Irene. 1992. Presupposition Projection and the Semantics of Attitude Verbs [J]. *Journal of Semantics* 9: 183 – 221.

[9] Heim, Irene and Angelika Kratzer. 1998. *Semantics in Generative Grammar* [M]. Cambridge: Blackwell.

[10] Higginbothan, James. 1983. The Logic of Perceptual Reports: An Extensional Alternative to Situation Semantics [J]. *Journal of Philosophy* 80: 100 – 127.

[11] Izvorski, Roumyana. 1997. The Present Perfect as an Epistemic Modal [A]. In Aaron Lawson (ed), Proceedings of SALT VII [C], 141 – 197. Ithaca: CLC Publications.

[12] Kamp, Hans & Uwe Reyle. 1995. *From Discourse to Logic* [M]. Dordrecht: Kluwer Academic Publishers.

[13] Katz, Graham. 1995. Stativity, Genericity and Temporal Reference [D]. PhD dissertation, University of Rochester.

[14] Kratzer, Angelika. 1977. What *must* and *can* must and can mean [J]. *Linguistics and Philosophy* 1: 337 – 355.

[15] Kratzer, Angelika. 1981. The Notional Category of Modality [A]. In Hans – jürgen Eikmeyer & Hannes Rieser (eds.), *Words*, *Worlds and Contexts* [C], 38 – 74. Berlin: De Gruyter.

[16] Kratzer, Angelika. 2001. The Event Arguments and the Semantics of Verbs. Umass ms.

[17] Lenci, Alessandro & Pier Marco Bertinetto. 2000. Aspects, Adverbs

and Events：Habituality vs. Perfectivity ［A］. In J. Higginbotham, F. Pianesi, A. Varzi（eds.）, *Speaking of Events* ［C］, 245 – 287. New York：Oxford University Press.

［18］Lewis, David. 1973. *Counterfactuals* ［M］. Cambridge：Harvard University Press.

［19］Menéndez – Benito, Paula. 2002. Aspect and Adverbial Quantification in Spanish ［A］. In Mako Hiratani（ed.）, *Proceedings of NELS 32* ［C］, 365 – 382. Amherst：GLSA Publications.

［20］McCoard, Robert. 1978. *The English Perfect：Tense Choice and Pragmatic Inferences* ［M］. Amsterdam：North Holland Publishing Company.

［21］Pancheva, Roumyana & Arnim Von Stechow. 2004. On the Present Perfect Puzzle ［A］. In K. Moulton & M. Wolf（eds.）, *NELS 34* ［C］, 127 – 165. Amherst：GLSA Publications.

［22］Parsons, Terence. 1990. *Events in the Semantics of English* ［M］. Cambridge：MIT Press.

［23］Parsons, Terence. 1994. *Events in the Semantics of English：a Study in Subatomic Semantics* ［M］. Cambridge：MIT Press.

［24］Parsons, Terence. 2000. *Indeterminate Identity：Metaphysics and Semantics* ［M］. Oxford：OUP.

［25］Portner, Paul. 1992. Situation Theory and the Semantics of Propositional expressions ［D］. Amherst：Umass PhD dissertation.

［26］Rooth, Mats. 1992. A Theory of Focus Interpretation ［J］. *Natural Language Semantics* 1：75 – 116.

［27］Smith, Carlota. 1991. *The Parameter of Aspect* ［M］. Dordrecht：Kluwer Academic Publishers.

第六章

断言普遍性原则与索贝尔逆序现象

在本章，我们将讨论索贝尔语序以及索贝尔逆序现象，并尝试在 Stalnaker（1968，1972，1998，2012，2014）和 Lewis（1973）提出的可能世界语义理论（possible world semantics）的基础上，用断言普遍性原则（Principle of Assertion Universality）解释索贝尔逆序现象。

第一节　引言

Stalnaker（1968，1972，1998，2012，2014）和 Lewis（1973）曾提出用可能世界语义理论来解释以下的违实条件句：

（1）If Sophie had gone to the New York parade, she would have seen Pedro Martinaz.

迄今为止，该理论仍为处理违实条件句的经典理论，不少学者称其为标准理论（Veltman，1985；DeRose，1994；Edgington，1995；Williams，2008；Arregui，2009）。Von Fintel（1998，2001）和 Gillies（2007）对该理论提出了质疑，认为 Lewis - Stalnaker 理论无法解释索贝尔逆序现象（reverse Sobel sequence），即在语篇环境下，对两个相关违实条件句排序，一种排序符合人类的判断推理，语义连贯且无逻辑问题，而另一种排序则不可接受。他们提出用动态语义（Dynamic Semantics）理论来解释这种不可接受的排序，认为动态语义理论在解释违实条件句方面要明显优于 Stalnaker 和 Lewis 的可能世界语义理论①。

本章认为，我们无须改变这种传承已久的经典理论。事实上，只要我们在处理索贝尔逆序型的违实条件句时，将可能世界语义理论与语用因素结合，索贝尔逆序现象就可以在现有的理论框架内得到圆满的解释。

第二节　可能世界语义理论与索贝尔语序

根据严格条件句分析（strict conditional analysis）②，违实条件句（1）的取值为真，当且仅当 Sophie 参加游行的所有世界就是她看到 Pedro 的所有世界（Stalnaker，1968，1972；Lewis，1973）。话语语境提供了条件句到其真值条件的函数从世界到世界集合的可及性函数（Accessible Function）f。因此，"If p，would q" 表达的是一个命题，其真值条件为：命题 "If p，would q" 在某个世界中取值为真，当且仅当，由该世界出发，所有 f 可及的 p 世界都是 q 世界。

严格条件句分析无法解答为何例（2）中的两个句子可以同时为真：

（2）a. If Sophie had gone to the parade, she would have seen Pedro.

　　b. But if Sophie had gone to the parade and been stuck behind a tall person, she would not have seen Pedro.

例（2a）与例（2b）取值可同时为真。然而，利用严格条件句分析的方法分析句子，其结果却与事实相反。根据该分析，例（2a）表述的是，Sophie 参加游行的所有世界就是她看到 Pedro 的所有世界。假定存在一个可能世界，在该世界中 Sophie 参加了游行并且站在一个

---

① 认为动态语义理论优于标准理论的学者还有很多，如 Kratzer（1986），Kasper（1992），Hawthorne（2009），Huitink（2010），Klinedinst（2011）等。

② 严格条件句分析是可能世界语义理论对违实条件句的早期分析方法，详见 Lewis（1973）。

高个的人身后，根据例（2a），Sophie 也应该看到了 Pedro。该结论与例（2b）的内容不相容：Sophie 参加游行并且站在一个高个的人身后的所有世界就是她无法看到 Pedro 的所有世界。因此，严格条件句分析判定，例（2a）与例（2b）不可能同时为真。

例（2）中条件句的语序被称为索贝尔语序。由于严格条件句分析无法处理索贝尔语序，因此，Lewis（1973）否决了该分析方法。他和 Stalnaker（1968）提出，违实条件句话语语境提供的是该条件句到其真值条件的世界相似性排序（similarity ordering on worlds）O，而不是函数 f。简言之，"If p, would q"表达的是一个命题，该命题在某个世界中为真，当且仅当，所有的、根据相似性排序最接近那个世界的 p 世界就是 q 世界（余小强，2008）。根据该定义，Stalnaker 和 Lewis 成功预测了例（2）中的违实条件句可以同时为真。例（2a）中，"Sophie 参加游行且看到 Pedro"是一个可能世界，最接近该世界的世界（the most accessible world）就是她看到 Pedro 的世界。例（2b）所表述的是，"Sophie 参加游行、站在一个高个的人身后而无法看到 Pedro"是一个可能世界，最接近该世界的世界就是她无法看到 Pedro 的世界。该解读与例（2a）的解读相互兼容。

第三节 索贝尔逆序现象

Von Fintel（2001）和 Gillies（2007）对上述可能世界语义理论提出了质疑。如果逆转例（2）的语序，那么，例（2）就变成了例（3）：

(3) a. If Sophie had gone to the parade and been stuck behind a tall person, she would not have seen Pedro.

b. * But if Sophie had gone to the parade, she would have seen Pedro.

Von Fintel（2001）和 Gillies（2007）认为，在该语序下，若例（3a）为真则例（3b）为假（这也符合我们的语言直觉）。然而，可能世界语义理论对例（3）的分析恰恰相反。因为根据该理论，语序不会对句子的语义值造成影响，句子的真值与语序无关。即使在刚说完"Sophie 参加游行、站在一个高个的人身后而无法看到 Pedro"的最接近的世界就是她无法看到 Pedro 的世界之后，我们还是能够接着说"Sophie 参加游行且看到 Pedro"的最接近的世界就是她看到 Pedro 的世界。因此，在例（3）的语序中，例（3b）也应取值为真。

类似例（3）中的句子的语序被称为索贝尔逆序。在处理索贝尔逆序现象时，Von Fintel（2001）和 Gillies（2007）摒弃了最接近世界的概念，而采用严格条件句分析的策略。也就是说，他们希望保留可能世界语义理论最初的定义，即"If p, would q"取值为真，当且仅当在语境决定的世界集合（contextually determined set）中，所有的 p 世界都是 q 世界。与此同时，他们还强调会话的动态性：作为意义的一部分，违实效应会在语境中发生变化，话轮排序在后的违实条件句将限定世界集合的范围（contextually determined domain）。

Von Fintel（2001）的分析包括三个组成部分。组成部分一是 Lewis – Stalnaker 早期严格条件句分析的大部分内容。他认为，语境在条件句分析中能够为条件句的真值条件提供可及性函数 f，即从世界到世界集合的函数。"If p, would q"表达的是一个命题，该命题在某个世界中为真，当且仅当，由该世界出发，所有 f 可及的 p 世界都是 q 世界。与严格条件句分析不同的是，他为违实条件句的解读提供了第二个语境参数——世界相似性排序参数，这是第二个组成部分。除此之外，还有一个因素也参与了违实条件句的意义构建：条件句自身对可及性函数 f 的影响（组成部分三）。也就是说，违实条件句"If p, would q"要求，从每个可能世界出发，都有与之对应的 f 可及的 p 世界。

Von Fintel（2001）认为，违实条件句通过增加最接近前件世界（closest antecedent world）的方法来更新函数 f。假设某个语境的可及性函数把某个世界 w 映射到不含 p 世界的某个世界集合上。该语境下的违实条件句"If p, would q"更新可及性函数，使它能够将同样的世界 w 映射到包含 p 世界的世界集合上。更新后的可及性函数将 w 映射到某个世界集合，通过语境决定的相似性排序，该集合中所有的世界都像最接近 w 的 p 世界一样接近 w。一旦说出"If p，would q"，p 世界就必须包含在违实条件句所限定的世界集合范围内。

这种动态分析理论预测，例（3b）一定为假，而例（2b）可以为真。例（3a）要求某个可及性世界，在该世界中 Sophie 参加游行且站在一个高个的人身后。因此，一旦我们满足了例（3a）的要求，就会存在可及性世界，在该世界中 Sophie 参加了游行并且没看见 Pedro。例（3b）表述的是，在 Sophie 参加游行的所有可及性世界中，她都看见了 Pedro。因此，一旦我们说出例（3a）并满足它的要求，例（3b）一定为假。用该理论分析索贝尔语序也没有任何问题。例（2a）仅要求某个可及性世界，在该世界中 Sophie 参加了游行。例（2b）表达的是，在 Sophie 参加游行且站在一个高个的人身后的所有可及性世界中，她都看不见 Pedro。因此，即使我们说出例（2a）且满足它的要求，例（2b）仍可以为真。

在另一篇文章中，Von Fintel（1998）认为，"If p，would q"预设了条件句排中律：要么所有的可及性 p 世界都是 q 世界，要么所有的可及性 p 世界都不是 q 世界。若接受该观点，并且承认，当该预设为假时，句子的真值缺失，那么，我们会得出结论，违实条件句（3b）不是真值为假，而是真值缺失[1]。

Gillies（2007）的动态语义理论与 Von Fintel（1998，2001）类似。Von Fintel 的分析包含两个语境参数：可更新的可及性函数和世界相似性排序。Gillies（2007）的参数只有一个，违实超域（counterfactual hyperdomain），即世界集合的整合（collection of sets of worlds）。他认为，"If p，would q"为真，当且仅当，违实超域内最小集合中所有的 p 世界都是 q 世界。因此，条件句"If p，would q"要求，违实超域内最小集合中必须有 p 世界存在。

---

[1]　持同样观点的还有蒋严（1998），Lowe（1995）和 Klinedinst（2011）。

　　与 Von Fintel（2001）的处理方式几乎完全一致，Gillies（2007）认为，若例（3a）为真，则例（3b）不可能为真。一旦例（3a）的要求得到满足，违实超域内最小集合中必须存在某些 p 世界，在这些世界中 Sophie 参加了游行但没有看见 Pedro。例（3b）表述的是，在违实超域内最小集合中的所有世界里，Sophie 都看见了 Pedro。因此，一旦我们说出例（3a）并满足它的要求，则例（3b）不可能为真。

　　在上述几种理论中，严格条件句分析认为，违实条件句"If p, would q"取值为真的充分必要条件是，所有可能的 p 世界都是 q 世界。索贝尔语序迫使 Lewis 放弃以上假设，通过对可能世界的相似性排序，提出最接近的可能的 p 世界（closest possible p – world）这一概念。学者们通常把它称为标准分析。根据标准分析，"If p, would q"为真，当且仅当所有最接近的可能的 p 世界都是 q 世界。索贝尔逆序现象让 Von Fintel 和 Gillies 在严格条件句分析的基础上对该假设进行了改进，他们认为，"If p, would q"为真的充分必要条件是，在某个语境决定的域中，域内所有的 p 世界都是 q 世界。同时，句子要求域内必须存在 p 世界。

　　从严格意义上说，标准分析能够解释索贝尔逆序中的语义冲突现象。索贝尔逆序中的第二个句子可能为假，是因为在说出第一句后，语境决定的相似性排序发生了改变。以例（3）为例：在说出例（3a）后，语境决定的相似性排序发生了改变，最接近的世界集合出现了扩展（Sophie 在这些世界中参加游行）。扩展一直延续到该世界集合涵括某些特定的世界为止，在这些特定的世界中，Sophie 被一个高个的人拦在身后。语境转变后，再说出例（3b）显然不合时宜。

　　然而，相似性排序是可能世界理论的核心内容，轻易地改变它并不符合标准分析的精神。Lewis（1973）和 Stalnaker（1998）都曾解释过为什么例（2）不需要改变相似性排序。根据例（2）得出的相似性排序，Sophie 被一个高个的人拦在身后的可能世界要远于她参加游行的其他的可能世界。既然 Lewis 和 Stalnaker 都拒绝用改变相似性排序的方法来解释例（2），那么，如果没有超越标准分析更好的理论，用改变相似性排序的方法解释例（3）就不会是一个令人满意的解决方案。

Von Fintel（2001）和 Gillies（2007）认为，与标准分析相比，动态语义理论更具优越性。后者能够更加系统地预测违实条件句在什么时候、什么场合使用是适宜的。在违实条件句例（3a）中，域的变化就部分地体现了动态语义理论的价值。在说出例（3a）后，动态理论就不言自明地表明，例例（3b）不合时宜。Lewis 和 Stalnaker 的理论在解释例（3b）的不合时宜时，必须指出 Sophie 被一个高个的人挡在身后的世界应该包含在她参加游行的世界之内，他们的理论无法预测例（3a）与例（3b）之间的蕴含关系。实际上，也正是因为这个原因，Lewis（1973）放弃了严格条件句分析理论。他认为，用语境变化解释索贝尔语序的适宜性是一种失败的做法。这种做法不仅不能填补系统分析的漏洞，相反，会让系统变得更加繁杂。

第四节　断言原则与索贝尔逆序现象

与 Von Fintel（2001）和 Gillies（2007）的观点相反，我们认为，只要引进一条新的语用原则——断言原则（Principle of Assertion），就完全可以在不改变相似性序列的基础上，利用 Lewis 和 Stalnaker 的标准理论，对索贝尔逆序现象做出合理解释。

（4）断言原则：在语境 C 中说出句子 S 在认知上是不合时宜的，当且仅当，在说话人说出句子 S 时，语境中已有命题 φ 和可能性 μ，其中：

a. S 表达语境 C 中的命题 φ；

b. 命题 φ 和可能性 μ 不相容；

c. μ 是凸显的可能性；

d. 句子 S 的说话人无法排除可能性 μ。

断言原则认为，若说话人无法排除某话语所产生的、凸显的可能性，那么，他就不能产出与该可能性不相容的命题。该原则能够很好地解释索贝尔逆序现象。以例（3）为例［重写为例（5a）和例（5b）］：

(5) a. If Sophie had gone to the parade and been stuck behind a tall person, she would not have seen Pedro.

b. ＊ But if Sophie had gone to the parade, she would have seen Pedro.

在例（5）的语境下，说出例（5b）的说话人通常无法排除以下可能性：若 Sophie 参加了游行，她有可能被一个高个的人拦在身后。一旦有人说出例（5a），我们一般会做出以下推理：若说出例（5a）的说话人能够排除 Sophie 参加游行且被一个高个的人挡在身后的可能性，那他为什么要说明出现了这种可能性后事件的后果是什么？他应该没有实际的理由来讨论这件事。因此，既然他在讨论这件事，那么，他一定无法排除以下可能，即 Sophie 参加了游行且被一个高个的人拦在了身后。

基于以上推理，断言原则认为例（5b）是不合时宜的，因为：

(i) 例（5b）表达的命题是，若 Sophie 参加了游行，那么，她就有可能看到 Pedro；

(ii) 命题"若 Sophie 参加了游行，那么，她就有可能看到 Pedro"与命题"若 Sophie 参加了游行，那么，她就有可能被一个高个的人拦在了身后"不相容；

(iii) Sophie 被一个高个的人拦在了身后的可能性是一个凸显的可能性；

(iv) 例（5b）的发话人在说出例（5b）的时候，无法排除"Sophie 被一个高个的人拦在身后"这一种凸显的可能性。

其他的索贝尔逆序句也可以此类推。"If p and r, would not q"会将某种可能性置于凸显地位，即"If p, might r"；"If p, would q"无法排除该可能性；"If p, would q"表述的命题与该可能性不相容。

用断言原则解释索贝尔逆序现象的依据是，"If p, would q"表达的命题与凸显可能性"If p, might r"不相容。即使在说出"If p,

would q"时，"If p and r, would not q"仍是可接受的背景事实。采用
Lewis（1973）的违实句逻辑，我们能够推导得出，两者之间存在矛
盾冲突（以下采用的是 Lewis 违实句逻辑中的 VC 逻辑系统[①]）。

（6）Lewis 违实句逻辑系统

规则2：条件句内部演绎推理：对任意 n≥1,

$$\vdash (\chi1 \wedge \ldots \wedge \chi n) \supset \psi$$

$$\vdash ((\phi \to \chi1) \wedge \ldots \wedge (\phi \to \chi n)) \quad \supset (\phi \to \psi)$$

公理1：真值 – 函数同义反复

公理2：非基本算子定义

公理5：$(\phi \to \neg\psi) \vee (((\phi \wedge \psi) \to \chi) \equiv (\phi \to (\psi \supset \chi)))$

采用以上的规则和公理，我们可以推导出命题"If p, would q"
与凸显可能性"If p, might r"之间的对立：

1. p $\diamond\to$ r　　　　　　　　　　凸显可能性

2. $\neg (p \to \neg r)$　　　　　　　　　1，公理2

3. $(p \wedge r) \to \neg q$　　　　　　　背景事实

4. $(p \to \neg r) \vee (((p \wedge r) \to \neg q) \equiv (p \to (r \supset \neg q)))$　　　公
理5

5. $p \to (r \supset \neg q)$　　　　　　2，3，4，公理1

6. $((r \supset \neg q) \wedge q) \supset \neg r$　　　公理1

7. $((p \to (r \supset \neg q)) \wedge (p \to q)) \supset (p \to \neg r)$　　　　　　6，规
则2

8. $\neg (p \to q)$　　　　　　　　　　2，5，7，公理1

9. $p \to q$　　　　　　　　　　　　已知命题

10. ⊥

从以上推导中我们可以看出，断言原则不依赖其他语义假设，内部
系统自身就能独立解决索贝尔逆序问题。"If p and r, would not q"将

---

① 我们只需要规则2，公理1，公理2和公理5来解释索贝尔逆序现象。完整的 VC 逻
辑系统请参考 Lewis（1973），p. 132。

某个可能性提至凸显位置，而该可能性却与"If p, would q"所表述的命题对立①。这就意味着，索贝尔逆序中的第二个句子是不合时宜的。

用预设理论（Theory of Presupposition）是否也能解决索贝尔逆序问题呢？假设例（5a）预设了以下可能性，即"若 Sophie 参加了游行，那么，她就有可能被一个高个的人挡在了身后"。在该理论下，说话人同样也不能说出例（5b），因为一旦他接纳了以上预设，那么，例（5b）所表述的命题就会与语境集合中的某种可能性冲突②。

预设理论与动态语义理论有不少共同之处。它们都认为，索贝尔逆序句对中的第一句是通过引入一个某种凸显的可能性而影响语境，这就导致第二句不合时宜。

然而，对这种可能性究竟应属何种性质，两者的看法并不一致。动态语义理论认为，造成这种麻烦的可能性是一个世界，在该世界中，Sophie 去参加游行并被一个高个子的人挡在身后。预设理论和断言原则认为，这种可能性是一个世界，在该世界中，Sophie 被一个高个子的人挡在身后。这个世界存在于某些最接近的世界中，在这些最接近的世界里，Sophie 去参加游行。后者比前者多了"最接近的世界"这一概念。

在所有的动态解释中，索贝尔逆序句对中的、第二个句子的真值完全取决于句对环境展现出来的可能性。"Sophie 参加游行且看到 Pedro"取值为真还是为假，取决于是否有人提出某种可能性，即"Sophie 参加游行且被一个高个子的人挡在身后"。断言原则认为，这种可能性并不会影响句子的真值，它影响的只是说话人的行为，即说话人必须做什么才能"适宜地"说出第二句。这是两者最大的区别。

与动态语义理论相比，断言原则具有独立的动因，也有更大的概括性。一旦我们采纳了断言原则，我们就能够自由地解读索贝尔逆序

---

① 这种凸显的可能性既可以是命题，也可以是可能世界。若该可能世界包含在会话的语境集合内，那么，依据断言原则，该可能世界就是凸显的可能世界。

② 预设理论与断言原则不同。前者由预设的投射方式标记，投射方式就是指预设是由哪种特定的环境投射而来。断言原则能够使相关的可能性凸显，与语言环境无关。

现象。动态语义理论必须设定特定的语义规则才能解释此类现象，而这些规则隶属于词库的一部分。断言原则通过更为独立、更加概括的会话和推理来解释相同的语料。它符合语用理论的精髓：用更少的理论解释更多的现象。

断言原则优于动态语义理论的另一个方面是前者的预测更为精确。假设断言原则的第四条错误。在这种情况下，前者的分析能够更为自然地解释我们的直觉。我们仍以例（3a）和例（3b）为例［重写为例（7a）与例（7b）］：

（7）a. If Sophie had gone to the parade and been stuck behind a tall person, she would not have seen Pedro.

b. ＊ But if Sophie had gone to the parade, she would have seen Pedro.

一般情况下，说出例（7b）的说话人无法排除以下可能性：如果Sophie去参加游行，那么她就有可能被一个高个子的人挡在身后。这种推导并不适用于所有的索贝尔逆序句对。在某些情况下，说出第一句的说话人可能有某种独立的原因，即使他能够排除句子表述出来的凸显可能性，他仍坚持在话语中保留该可能性。这时，断言原则的条件四对逆序句对中的第二句不再起作用。我们的分析能够准确地预测句对中的第二句是合乎逻辑的。

假设有以下场景：John 和 Mary 是我们共同的朋友。John 打算向 Mary 求婚，但在最后一刻退却了。我比你更了解 Mary，因此，你问我，如果 John 向 Mary 求婚，Mary 是否会同意。我告诉你，我曾向 Mary 发誓，这个问题我不会告诉任何人。但是，我可以告诉你以下两个事实：

（8）a. If John had proposed to Mary and she had said yes, he would have been really happy.

b. But if John had proposed, he would have been really unhappy.

在这种场景下，在例（8a）后紧接着说出例（8b）是合理的。如果 John 向 Mary 求婚，Mary 可能会答应。这是一种可能性。即使我能够排除这种可能性，我仍有理由说出例（8a）。我说出例（8a）与例（8b）的目的是，在不违反我对 Mary 承诺的基础上，让你自己做出判断，排除该可能性。在这种情况下，条件四对例（8b）不再起作用，断言原则不能判定例（8b）是不合时宜的。

假如你想了解求婚行为是否会使 John 高兴，你还想知道 Mary 是否真的是适合 John 的伴侣。因此，你问我的不仅仅是 John 的求婚行为是否会让 John 自己感到高兴，而且还包含着若 John 求婚成功，他是否会感到高兴。在此语境下，即使我能够排除"如果 John 向 Mary 求婚，Mary 可能会答应"这个可能性，我仍有足够的理由说出例（8a），即回答你想知道的第二个问题。条件四对例（8b）不起作用，在例（8a）后说出例（8b）是适宜的。

Gillies（2007）和 Von Fintel（2001）的理论无法处理例（8）这种情况。依据他们的理论，一旦我们接纳索贝尔逆序句对中第一句提出的可能性，我们就无法说出第二句。例（8a）拓展了违实句的量化范围，使其包括如下世界：在这些世界中，John 向 Mary 求婚，Mary 答应了 John。一旦该拓展操作完成，就再没有语义机制能够缩小其已拓宽的范围了。因此，在例（8a）后，例（8b）绝不可能为真。这与以上我们给出的事实相悖。

断言原则还能自然地解释违反条件三的情况，如例（9）[①]：

(9) a. If Sophie had gone to the parade and been shorter than she actually is, she would not have seen Pedro.

b. But if Sophie had gone to the parade, she would have seen Pedro.

如果 Sophie 去参加游行，那么她就有可能被一个高个子的人挡在身后。这种可能性很自然，也很容易被提出。例（9a）所包含的可能性，即"如果 Sophie 去参加游行，那么她就有可能比她真实的身高要矮"，则不是一种自然的可能性。这种可能性也有可能存在。若假设

---

① 例（9）源自 John Hawthorne（2009）。

游行的组织者通过兜售影响身高的药物从中获利，那么，"如果 Sophie 去参加游行，那么她就有可能比她真实的身高要矮"则更容易提出。例（9）在该语境及其类似的语境下通常是不合时宜的。在其他语境下，我们可能会忽略这样的世界，在这些世界中，比现实身高要矮的 Sophie 去参加游行。在这些语境中，说出例（9a）并不足以提出以下可能性：如果 Sophie 去参加游行，那么她就有可能比她真实的身高要矮。例（9）在这些语境中是适宜的。Gillies（2007）和 Von Fintel（2001）在预测类似语料时又会出现问题。根据他们的理论，一旦例（9a）拓展了违实句例（9b）的量化范围，那么，例（9b）就不可能为真。

我们的研究目的不是解释为什么有的违实条件句的句序合法而有些却不合时宜。我们的目的在于解释为什么同样的语序，在某些语境中不合时宜，而在另一些语境中则是合法的。

说话人能够在话语中标记其是否遵循断言原则。例如，只说出索贝尔逆序句对中的第二句，说话人可能表示他不遵循断言原则中的条件四。若听众不知道说话人掌握了什么，这种做法无疑是合乎逻辑的。说话人还可以通过不同的手段来强化这种标记，如采用断言性的陈述，重音，焦点等。下面的例子就非常完美：

（10）a. If Sophie had gone to the parade and been stuck behind a tall person, she would not have seen Pedro.

b. But hey, listen up—I'm telling you: if she had gone, she would have seen him.

同样，出于会话的目的，说话人也可能表现出希望忽略凸显可能性的意图。有意忽略可能性经常用表示不耐烦的语调表现，不太可能出现的可能性也能够用这种方式阐明①。

---

① 当然，从某种意义上说，有意忽略可能性是说话人不负责任的行为表现，它受说话环境的影响。在做科学实验时，我们必须考虑到所有可能出现的可能性，而在社交场合，则没有必要对各种可能性追根究底。

（11） a. If Sophie had gone to the parade and been stuck behind a tree, she would not have seen Pedro.

b. Oh, come on—if she had gone, she would have seen Pedro.

有意忽略是一种将可能性排除在考虑范围之外的手段。断言原则关注的仅仅只是某一类型的、认识上的不适宜性，即说话人因忽略凸显的可能性，从而造成句子不合时宜。如果我们有意忽略凸显的可能性，那么，断言原则将认定，我们忽略这些可能性是有理据的。这就是为什么例（11b）通常为人们所接受，而例（7b）被认定为不合时宜的原因。

断言原则的强解释力，不仅表现在索贝尔逆序问题的解决上，除此之外，它还能够解释其他语言环境中违实句的不适宜性。例如，

（12） a. Sometimes tall people go to parades and keep anyone who is behind them from seeing much of the parade.

b. * But if Sophie had gone to the parade, she would have seen Pedro.

例（12a）并不是违实条件句。然而，它却提供了以下可能：若Sophie 参加游行，那么，她就有可能被一个高个的人挡在了身后。断言原则判定例（12b）不合时宜，而动态语义理论则无法解释这一现象。由于例（12a）不是违实条件句，甚至连情态句都不是，因此不会造成违实句例（12b）量化范围的拓展。基于以上推理，例（12b）应该合乎语法，这与我们的直觉相悖。

第五节　结语

断言原则是标准的可能世界语义理论与语用分析相结合的产物。首先，与动态语义理论相比，断言原则的解释力更为强大，能够对索贝尔逆序现象中违实条件句的不适宜性提供系统的解释。动态语义理论将违实条件句的不适宜性解释为受其他话语语义的影响，然而语言事实并不支持以上假设。动态语义理论判定不合法的句子，实际上有

可能是合法的句子；动态语义理论判定为合法的句子，实际上却可能不合法。另外，在解释索贝尔逆序现象时，断言原则无须对语境决定的相似性排序做出更改。我们在上文中提道，相似性排序的更改是毫无理据的，因此，与其他理论假设相比，这又是断言原则的一大优势。相对于其他理论，这种解释更简单，也更直观：若断言原则的条件得到满足，则违实句是不合时宜的；若断言原则的条件被违反，那么，违实句就是合乎语法的。

参考文献

［1］ Arregui, Anna. 2009. On Similarity in Counterfactuals ［J］. *Linguistics and Philosophy* 32 (3)：245 – 278.

［2］ DeRose, Keith. 1994. Lewis on "Might" and "Would" Counterfactual Conditionals ［J］. *Canadian Journal of Philosophy* 24 (3)：413 – 418.

［3］ Edgington, Dorothy. 1995. On Conditionals ［J］. *Mind* 104 (2)：235 – 329.

［4］ Hawthorne, John & Ofra, Magidor. 2009. Assertion, Context, and Epistemic Accessibility ［J］. *Mind* 118 (3)：377 – 397.

［5］ Huitink, Janneke. 2010. Quantified Conditionals and Compositionality ［J］. *Language and Linguistics Compass* 4 (1)：42 – 53.

［6］ Gillies, Thony. 2007. Counterfactual Scorekeeping ［J］. *Linguistics and Philosophy* 30 (3)：329 – 360.

［7］ Kasper, Walter. 1992. Presuppositions, composition, and Simple Subjunctives ［J］. *Journal of Semantics* 9 (2)：307 – 331.

［8］ Klinedinst, Nathan. 2011. Quantified Conditionals and Conditional Excluded Middle ［J］. *Journal of Semantics* 28 (1)：149 – 170.

［9］ Kratzer, Angelika. 1986. Conditionals ［A］. In A. Farley and K. Mccollough eds. , *CLS* 22：*Papers from the Parasession on Pragmatics and Grammatical Theory* ［C］, 1 – 15. Chicago：CLS Publications.

［10］ Lewis, David. 1973. *Counterfactuals* ［M］. MA: Basil Blackwell Ltd.

［11］ Lowe, E. 1995. The Truth about Counterfactuals ［J］. *Philosophical Quarterly* 45 （1）: 41 –59.

［12］ Stalnaker, Robert. 1968. A Theory of Conditionals ［A］. In Nicholas Rescher ed. , *Studies in Logical Theory* ［C］, 98 – 112. Oxford: Blackwell.

［13］ Stalnaker, Robert. 1972. Pragmatics ［A］. In Donald Davidson and Gilbert Harman eds. , *Semantics of Natural Language* ［C］, 380 – 397. Dordrecht: Reidel.

［14］ Stalnaker, Robert. 1998. On the representation of Context ［J］. *Journal of Logic, Language and Information* 7 （1）: 3 –19.

［15］ Stalnaker, Robert. 2012. *More Possibilities: Metaphysical Foundations of Modal Semantics* ［M］. Princeton: Princeton University Press.

［16］ Stalnaker, Robert. 2014. *Context* ［M］. Oxford: Oxford University Press.

［17］ Veltman, Frank. 1985. *Logics for Conditionals* ［D］. PhD Dissertation, University of Amsterdam.

［18］ Veltman, Frank. 2005. Making Counterfactual Assumptions ［J］. *Journal of Semantics* 22 （2）: 158 – 180.

［19］ Von Fintel, Kai. 1998. The Presupposition of Subjunctive Conditionals ［A］. In Uli Sauerland and Orin Percus eds. , *The Interpretive Tract* ［C］, 29 –44. MIT Working Papers in Linguistics 25.

［20］ Von Fintel, Kai. 2001. Counterfactuals in a Dynamic Context ［A］. In Micheal Kenstowicz ed. , *Ken Hale: A Life in Language* ［C］, 123 – 152. Cambridge: MIT Press.

［21］ Williams, Robert. 2008. Chances, Counterfactuals, and Similarity ［J］. *Philosophy and Phenomenological Research* 77 （2）: 385 –420.

［22］蒋严：《汉语条件句的违实解释》，载中国语文杂志社编《语法研究和探索》（十），商务印书馆 2000 年版。

［23］余小强：《将来时间焦点违实条件句的违实解释》，《现代外语》2008 年第 3 期。

第七章

回溯型违实条件句

我们在前面几章讨论了时体在解读违实条件句时所起的重要作用。在本章，我们将研究一种特殊的违实条件句句式——回溯型违实条件句。

第一节　引言

本章所研究的回溯型违实条件句是指，如果有不同的过去、现在与将来，那么，过去的过去、现在的过去和将来的过去也会不同。我们首先从 Lewis（1979）开始，对回溯型违实条件句进行讨论。

例（1）发生在以下场景中：Jim 和 Jack 昨天大吵一架，Jack 到现在还非常生气。

（1）a. If Jim asked Jack for help today, there would have been no quarrel yesterday.

b. If Jim asked Jack for help today, there would have to have been no quarrel yesterday.

对例（1）的判断，以及对回溯型违实条件句的解读，我们并不总是非常清楚。回溯型违实条件句通常被判断取值为假，然而也并非总是如此。实际上，语境语素能够帮助我们转变观念，将回溯型违实条件句判定为取值为真。此外，回溯型违实条件句还有一个特别的、个性突出的句法结构。但是，这也不是它成为回溯型违实条件句的必要条件。

我们的目的在于找出回溯型违实条件句在哪些方面区别于其他条

件句，并分析回溯型违实条件句的句法是如何影响语义的。

第二节　Lewis 的观点

Lewis（1979）认为，违实条件句具有时间不对称的特点。后发生的事件违实地依赖于先发生的事件，而不是相反。因此，将来违实地依赖于现在，而现在违实地依赖于过去[①]。过去不会违实地依赖于现在（如果现在不同，过去就会不同），现在也不会违实地依赖于将来（如果将来不同，现在也会不同）。我们把它称为普遍类型（General Pattern，简写为 GP），即：后发事件违实地依赖于先发事件，而不是相反。

Lewis 普遍类型的不对称观受到了回溯型违实条件句的挑战，因为回溯型违实条件句不遵守普遍类型的要求。然而，Lewis 本人认为，回溯型违实条件句是一种特殊结构，并不能成为对 GP 的反例。回溯型违实条件句之所以特殊，是因为它们在通常情况下都会取值为假。同时，它们对情态词和助词也有特殊的要求。

回溯型违实条件句的工作流程是：首先对某个时间 t（过去、现在或将来）做出假设，然后依此假设判定，先于时间 t 的某个时间也会不同。以下是 Lewis 给出的例子：

Jim 和 Jack 昨天大吵一架，Jack 到现在还非常生气。我们断定，如果今天 Jim 要请 Jack 帮忙，Jack 肯定不会帮他。但是，Jim 是一个骄傲的家伙。在和 Jack 吵了一架后，他不可能再去向 Jack 寻求帮助。如果 Jim 今天向 Jack 求助了，那么他们昨天就肯定不会吵架，而 Jack 也像平常一样慷慨大方。因此，如果 Jim 今天向 Jack 求助，Jack 也会帮助他。（笔者译）

以上案例中的回溯型违实条件句为：

---

① 这句话的意思是，如果现在不同，将来就可能会不同；如果过去不同，现在也就会不同。

（2）If Jim asked Jack for help today，there would have to have been no quarrel yesterday.

假设例（3）为真实世界 w_0 的情况：

（3）there is a quarrel　　　　　　　　　Jim does not ask for help

在真实世界中存在一个吵架事件，且 Jim 没有在吵架后向 Jack 寻求帮助。例（2）的违实解读为：在真实世界"过去"对应体中，Jim 今天向 Jack 寻求帮助。包含真实世界"过去"对应体的某一个可能世界为 w_1，在 w_1 中，Jim 寻求帮助之前的某个时间所发生的事件不同于真实世界 w_0。

（4）there is no quarrel　　　　　　　　Jim asks for help

例（4）为回溯型违实条件句的典型案例。只有在以下情况，我们才能将其判定为真：情态词量化域内的可能世界具有如下特征，即在 if 小句事件时间之前的某个时间，该世界不同于真实世界。从这个意义上说，回溯型违实条件句就是让我们"改变过去"（Stalnaker，1968，1984，1999）。

回溯型违实条件句通常有"特殊句法"标记。在例（2）中是特别的情态词 *would have to have*。Lewis（1979）对这类"特殊句法"做了以下评论：

回溯型违实条件句的语言使用环境使句子的取值趋向为真。它们常常由某个独特的句法形式标记。我们通常所说的虚拟条件句结构被更为复杂的结构所替代："If it were that... then it would have to be that..."。一个合适的语境可以使以下结构被人们接受："If Jim asked Jack for help today，there would have been no quarrel yesterday"，但是更自然的说法是，"... there would have to have been no quarrel yesterday"。（笔者译）

本章将讨论为什么有些回溯型违实条件句可以取值为真，以及这类特殊句法该如何解读。在本章第三节中，我们将简要综述回溯型违实条件句的类型，本章第四节列举了更多的事例及其推导过程，本章第五节是我们提出的、用以解读这类违实条件句的解决方案。

第三节　回溯型违实条件句的分类

在本节，我们将区分两种类型的回溯型违实条件句：真回溯句和回溯解决型条件句。

真回溯句是指条件句自身已清晰表明，若某个假设在时间 t（过去、现在或将来）成立，那么，在某个更早的时间 t'，将会有不同的事情发生。

(5) a. If Jim asked Jack for help today, there *would have been* no quarrel yesterday.

b. If Jim asked Jack for help today, there*would have to have been* no quarrel yesterday.

我们将例（5a）称作常规句法真回溯句（Real backtracters with regular syntax），将例（5b）称为特殊句法真回溯句（Real backtracters with special syntax）。例（5）清晰地表明，如果未来的情况不同，过去的情况也会不同。与常规句法真回溯句相比，一般情况下，特殊句法真回溯句更能够被人们接受。

回溯解决型条件句与真回溯句不同。表面上，它们没有违反 GP。之所以称其为特别，是因为只有符合以下条件，我们才能将其判定为真。这个条件就是，在 if 小句事件时间之前的某个时间，我们接受与真实世界不同的事件或状态。Lewis 给出的例子是：

(6) If Jim asked Jack for help, Jack would help him.

根据 7.2 中 Lewis 给出的案例，我们会在最开始的时候将例（6）判定为假。随着 Lewis 的推理进一步深入，我们认为，如果 Jim 和 Jack 吵了架，Jim 将不会在吵架之后向 Jack 寻求帮助。因此，如果

Jim 向 Jack 求助了，那么，他们之间就不会有吵架这一回事。如果他们没有吵架，而 Jack 也是一个乐于助人之人，我们会将例（6）判定为真。也就是说，如果我们接受例（7），我们就会将例（6）判定为真：

（7）If there had been no quarrel and Jim asked Jack for help, Jack would help him.

因此，尽管回溯解决型条件句没有直接违反 GP，它们也是特殊的。在 if 小句事件时间之前的某个时间，事情已发生了变化。我们必须接受发生了变化的事件或状态，只有这样，我们才能将句子判定为真。

第四节　改变过去：方式与可能性

本节讨论以下两种情况：第一，没有特殊句法，回溯型违实条件句也能够轻易地被判定为真；第二，只有在特殊句法的帮助下，回溯型违实条件句才能被判定为真。

并不是每个人都赞同 Lewis 的观点，认为回溯型违实条件句通常都会取值为假。Bennett（1984）反对这种观点，他举出了大量的例子说明，句子的解读是直接的：

（8）a. If the die had fallen six uppermost, it would（have to）have been thrown differently.

b. If Stevenson were President in February 1953, he would have been elected in November 1952.

我们将在下文讨论 Bennett（1984）的例句。

一　改变过去：无须特殊句法的直接方式

有些回溯型违实条件句不需要特殊句法，人们能够本能地将它们判定为真。最典型的例子就是分析型案例：

（9）a. If he were a bachelor, he wouldn't have married.

b. If she had a twin sister, her mother would have had at least two children.

  c. If she had sold a horse, she would have owned a horse.

  在以上例子中，前件小句和后件小句的依存关系由词义确定。"to be a bachelor" 意味着某人还没结婚，"to have a twin sister" 意味着一个母亲同时生下两个孩子，"to sell a horse" 意味着某人将自己的马拿出来换钱（假定人们只能卖自己拥有的东西）。

  例（9）中，前件与后件的依存关系并不是由评估世界的特征决定的。评估世界到底如何，与句子真值关系不大。任何一个前件为真的可能世界都将会是后件为真的世界。因此，任何一个包含前件对应体且前件取值为真的可能世界也都会是使后件为真的世界。在这种情况下，通过相似性锁定真实世界的处理方式与条件句的真值无关，对相似性的限制也没有任何效果。

  因此，当前件和后件存在必然联系时，我们可以用一种直接的方式改变过去而无须使用特殊句法。

  由于条件句的真值与评估世界的特征无关，这些例子并不能构成对 Lewis 不对称观的反例。这些例子几乎都是定义式的，它们关注的是词语意义，而不是真实世界发生的事件或存在的状态。由此可得以下假设：

  （10）假设 1：如果条件句的前件与后件是分析关系或逻辑必然关系，那么，常规句法的回溯型违实条件句可直接取值为真。

  （11）a. If she were a semi – finalist, she would have won the quarter – finals.

    b. If she were president, she would have won the last election.

    c. If you had been a surgeon, you would have gone to medical school.

  例（11）也遵循假设 1。网球锦标赛半决赛选手必须是通过了1/4决赛的选手；一位外科医生必须是读过医学院的人；要成为总统，必须要赢得选举。

  Bennett（1984）给出的例子是例（12）：

（12）If Stevenson were President in February 1953, he would have been elected in November 1952.

在某个时间担任总统的人一定是最后赢得了总统选举的人。除非满足该条件，否则我们不会称某人为总统。

时间计算方面的例子也是如此。例如，

（13）a. If you were sixty years old now, you would have been born sixty years ago.

b. If it had been three o'clock one hour ago, it would have been two o'clock two hours ago.

虽然这些例子都不遵守 GP，然而其解读却是一目了然。

下面我们将比较自然法则型案例和分析型案例的不同。尽管自然法则对真实世界做出了丰富的概括，然而，它们却不能违反 GP。以下例句遵守自然法则，但是我们不能直接将其判定为真：

（14）a. ? If the leaves had been red last autumn, it would have rained a lot the previous summer.

b. If the leaves had been red last autumn, it would have to have rained a lot the previous summer.

（15）a. ? If the metal strip had snapped, the circuit would have closed at some earlier time.

b. If the metal strip had snapped, the circuit would have to have closed at some earlier time.

Bennett（1984）也有一个例子属于这种情况：

（16）If the die had fallen six uppermost, it would（have to）have been thrown differently.

他本人也指出，如果用特殊句法，条件句会好得多。

在进入下一节之前，我们简略地分析一下 might 条件句。might 条件句通常被认为是存在型的 would 条件句。在 might 条件句中，我们也能够找到不需特殊句法句子就可以轻易判定为真的案例。在这些例子中，前件与后件的关系不需要具备分析型特征：

（17）a. If you were sixty years old now, you might have been born in New York sixty years ago.

　　　b. If she were president, she might have won the last election in Florida.

　　　c. If you had been a surgeon, you might have gone to medical school in Boston.

这些条件句的真值条件需要结合语言事实与世界知识才能够判定。以例（17c）为例，如果你是一位外科医生，你应该进过医学院。这源自我们对词语"surgeon"的理解，这种理解也是"回溯"存在的允准条件。至于医学院是否位于波士顿，这只是一个选择性问题，依真实世界的情况而定。

二　特殊句法改变过去

我们在前几节谈道，有一些回溯型违实条件句，有特殊句法比没有好。这是依赖于评估世界特征的规则决定的。我们将在本节讨论这些规则。

（18）A：She is a very strict vegetarian. If she had eaten pudding, she would have broken her diet.

　　　B_1：? No, if she had eaten pudding, it *would have been* made without gelatin.

　　　B_2：No, if she had eaten pudding, it *would have to have been* made without gelatin.

我们的第一反应是，B_1听起来很奇怪，甚至可能是错的，对B_2的判断则好得多。因为，B_2让我们在"符合她的生活习性"的情境（即她平常不吃动物相关产品）中考虑前件。将条件句判定为真也更加容易。再看例（19）：

（19）A：It's lucky the guard didn't push the alarm button. It would have been a false alarm.

　　　B_1：? Actually, he is a very intelligent man. If he had pushed the button, something serious *would have* happened.

B₂: Actually, he is a very intelligent man. If he had pushed the button, something serious *would have to have* happened.

同样，B₁的条件句很奇怪，甚至可能是错的，而B₂让我们想到了以下事实：除非发生了真正的紧急情况，否则，门卫不会按下警铃。B₂中的条件句更容易判定为真。

Lewis "Jim 和 Jack" 的案例也属于此类：

（20）Jim would never ask for help after such a quarrel; if Jim were to ask Jack for help today, there *would have to have* been no quarrel yesterday.

特殊句法 "there would have to have been no quarrel yesterday" 让我们想到，两人在吵架之后，一般不会再向对方寻求帮助。这就使句子更加容易判定为真。

如果能有一个凸显的规则在前件与后件之间建立起一种必然的联系，那么，特殊句法就会影响人们对真值的判定，而情态词 "have to" 就起着这么一个作用。

（21）假设2：如果有一个凸显的规则在前件与后件之间建立起了一种必然的联系，那么，特殊句法型违实条件句将会被取值为真。

三 特殊句法改变不了过去

我们将在本节讨论以下情况：回溯型违实条件句的真值判定为假，特殊句法也不起作用。如果真实世界的情况是：桥梁还没有竣工，司机在桥梁合龙处紧急刹车。在此语境下，说话人通常认为例（22a）和例（22b）的取值都为假：

（22）a. If the driver had kept going, the bridge *would have been* completed.

b. If the driver had kept going, the bridge *would have to have* been completed.

例（22a）取值为假的原因是，条件句前件与后件之间没有分析性（analytic）的关联关系。我们使用了特殊句法之后，句子依然取值为假。在这种情况下，特殊句法不起作用。从直觉上判断，这似乎是因为，前件与后件的联系还不够紧密。因为在真实世界中还可能出现一种情况，那就是司机在明知桥梁没有完工的情况下依然驱车前行①。

从情态词本身的性质上分析，我们认为是这类情态词的全称量化力太强，不允许其他情况的出现。

（23）假设3：如果特殊句法不能够使回溯型违实条件句取值为真，那么，其原因必定是情态词的全称量化力太强。

再看一个例子。假如玛丽喜欢甜点但不喜欢巧克力。她甚至连巧克力味的东西都不沾。

（24）a. If she had eaten dessert today, the cook *would have* made a peach pie yesterday.

b. If she had eaten dessert today, the cook *would have to have* made a peach pie yesterday.

同样，这两句话的取值也都为假，特殊句法也无法让我们改变过去。这似乎再次证明，问题就出在情态词过强的量化力上。毕竟，除了桃子馅饼以外，厨师还有多种选择能够让玛丽吃上甜点。

假设3似乎也有反例。例如，

（25）a. If the driver had kept going, the bridge *might have* been completed.

b. If the driver had kept going, the bridge *might have to have* to have been completed.

例（25）与例（22）有相同的语境。例（25b）并不比例（25a）更能让人接受：特殊句法在例（25b）中也不起作用。

_____

① 也有人将例（22b）判定为真。他们考虑的只是理性的司机。遵循推理规则，通常情况下，一个理性的司机不会在未竣工的桥梁上继续前行。这种解读符合假设2。

例（25）中的情态词是 might。在这类条件句中，有一些前件世界，后件小句可以在这些世界中取值为真。如果例（22b）与例（24b）的问题是情态词过强的量化力，那么，包含情态词 might 的例（25b）应该直接取值为真。然而，事实并非如此。

我们认为，造成例（22b）与例（24b）难以取值为真的原因并不是情态词过强的量化力，而是前件与后件之间没有凸显的普遍联系。也就是说，情态词"have to"无法激发凸显法则，使前件与后件有机地结合起来。

（26）假设 3（修订版）：如果特殊句法不能够使回溯型违实条件句取值为真，那么，其原因是，情态词"have to"无法激发凸显法则，使前件与后件有机结合。

第五节　回溯可行性与特殊句法

在本节，我们将用组合分析法分析并解释第八章第四节中提出的三个假设。在解释开始之前，我们先简要地回顾一下情态词 would 的定义。

一　情态词 would 的定义

在第四章，我们对 would 条件句做了从物模态分析，分析的重点是情态词的解读：

（27）$[[M-t_i]]^g$：$\lambda P_{<i,<s,t>>} \lambda Q_{<i,<s,t>>} \lambda t \forall w [t < w \& P(g(t_i))(w) \rightarrow Q(g(t_i))(w)]$

g 为赋值函数，$g(t_i)$ 限于非过去时间

以条件句（28）为例：

（28）If she loved him, she wouldn't marry him.

条件句的句法结构为例（29），其语义解读，根据例（27），为例（30b）：

（29）

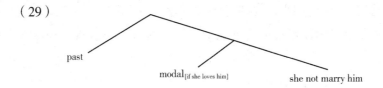

（30）a. 〚〔if she loved him〕〛 = λtλw〔she – loved – him at t in w〕

b. 〚〔if she loved him, she wouldn't marry him〕〛^{w0} = 1 iff

∀w〔〔past$_0$ < w & she – loved – him at t in w〕 → 〔not she – marries – him at t in w〕〕

根据例（30b），例（28）的取值为真的条件是，当且仅当包含真实世界过去 past$_0$ 的对应体 past$_0$′、且前件命题 *she loved him* 为真的所有可能世界同时也是使后件命题 *she does not marry him* 为真的可能世界。

二 无特殊句法的回溯型违实条件句

我们在本节讨论两个例子，一个是回溯可行的例（31），另一个是回溯不可行的例（33）。我们先看例（31）：

（31）〚〔If she were president, she would have won the last election〕〛^{w0} = 1 iff

∀w〔〔past$_0$ < w & she – is – president at t in w〕 → 〔she has won the last election at t in w〕〕

其中，t 为非过去时间

例（31）中，情态词 *would* 量化域中的可能世界包含真实世界"过去"的对应体，在真实世界的"过去"，她是总统。前件小句的命题为例（32）：

（32）λw〔she – is – president（t）（w）〕

其中，t 为非过去时间

违实条件句例（31）的取值为真，当且仅当，包含真实世界"过去"对应体的可能世界就是她赢得了最终选举的世界。

前件取值为真的世界就是同时包含后件、且后件也为真的世界。在情态词管辖的可能世界中，真实世界"过去"的对应体必须在说话时刻之前的某个时间不同于真实世界"过去"。不管我们对相似性做出何种限制，情态词量化域中的可能世界同时也会是她赢得了最终选举的世界。

再看回溯不可行的例子：

（33）[[If she had eaten pudding, *it would have been* made without gelatin]]^{w0} = 1 iff

∀藤 [[past$_0$ < w & she – has – eaten – pudding at t in w] →
[the pudding has been made without gelatin at t in w]]

其中，t 为非过去时间

前件小句命题在某一个可能世界中取值为真，如果她在某个非过去的时间吃了布丁。

（34）λw [she – has – eaten – pudding at t in w]

其中，t 为非过去时间

例（33）中，情态词的量化域由可能世界构成，这些可能世界包含一个真实世界"过去"的对应体，在真实世界的"过去"，她吃下了布丁。条件句断言，这些世界就是"*the pudding had been made without gelatin*"的世界。前件命题"*she has eaten pudding*"与后件命题"*the pudding had been made without gelatin*"并没有必然联系。虽然两者之间也有联系：作为素食主义者，她不吃与动物相关的食品——这是一条规则，然而，很多事情都会让她打破这个规则。也许是她不了解明胶，也许是她太饿了，也许是她不想得罪厨师等。这些事件都会将规则打破。例（33）情态词的量化域包括以下世界，即"布丁由明胶制成，她吃布丁"，条件句将被判定为假。

三 特殊句法回溯型违实条件句

假设 2 [例（21）] 与修订版的假设 3 [例（26）] 认为，只有前件命题与后件命题有凸显的规则联系，特殊句法才会对回溯解读起作用。例如，

（35）If she had eaten pudding, it would *have to* have been made without gelatin.

在我们的方案中，*have to* 被作为情态词处理。情态词 *would* 管辖可能世界，该世界包含真实世界"过去"的对应体，而在真实世界的"过去"中存在"她吃了布丁"这一事件。情态词 *have to* 则界定了该类型世界的情态特征：源自该类型世界的可通达世界是指，"做布丁不用明胶"的世界。下面，我们将对情态词 *have to* 的结构解读做出组合分析。

（一）情态词 *have to* 的结构解读

例（35）中有两个 *have*，它们对句子解读有不同的影响。例如，

（36）a. She has left.

　　　b. She has to leave.

例（36a）中的 *have* 内嵌一个分词，是典型的完成体结构。例（36b）中的 *have* 内嵌一个不定式短语，具有情态意义。Stowell（2003）将 *have to* 定性为"准情态词"。我们认为，英语中存在两类 *have* 助词：完成体 *have* 和情态词 $have_{mod}$ [①]。

与对情态词 *would* 的分析一样，我们将情态词 $have_{mod}$ 定义为管辖可能世界的全称量词。包含情态词 $have_{mod}$ 的句子含义为，在某个特定范围内，一个命题在每一个可能世界中都可以取值为真。情态词 $have_{mod}$ 的量化域由语境凸显的可及性关系（accessibility relation）决定。该可及性关系不同于情态词 *would*，因为，情态词 $have_{mod}$ 量化域中的可能世界并不是由"过去"相似性决定。其他关系也参与了可能世界的选择，例如：

（37）a. She has to leave.　　　（realistic modality）

　　　b. She has to know.　　　（epistemic modality）

　　　c. She had to pay a fine.　　（deontic modality）

---

① 对于两类助词是否有一个统一的解释，学者们的观点各不相同（Hacquard，2009，2010；Szabolcsi，2011）。我们倾向于两者没有统一的解释。完成体 *have* 的情况已在第五章讨论过。

我们能够轻易地对例（37a）做出判断，认为是环境因素迫使她离开（环境情态或现实情态）。例（37b）是说，我们有理由相信她知道（认识情态）。例（37c）表述的是，她有义务、有责任支付罚单（道义情态）。不同的语境选择不同的可及性关系，情态词 $have_{mod}$ 最终管辖不同类型的世界（Chierchia, 2000；Kamp & Rryle, 1995）。以下为情态词 $have_{mod}$ 的定义：

(38) $[\,[\mathrm{have}_{mod-R}]\,]^g\,(\mathrm{P}<\mathrm{i},\ <\mathrm{s},\ \mathrm{t}>>)\,(\mathrm{t})\,(\mathrm{w})=1$, iff
$\forall\mathrm{w'}\,[\,\mathrm{g}\,(\mathrm{R})\,(\mathrm{t})\,(\mathrm{w})\,(\mathrm{w'})\rightarrow\exists\mathrm{t'}\,[\,(\mathrm{t}=\mathrm{t'}\ \mathrm{or}\ \mathrm{t}<\mathrm{t'})\ \&$
$\mathrm{P}\,(\mathrm{t'})\,(\mathrm{w'})]\,]$

其中，R 是类型 $<\mathrm{i},\ <\mathrm{s},\ <\mathrm{s},\ \mathrm{t}>>>$，g（R）为语境凸显的、对时间敏感的可及性关系。

根据定义例（38），有一个自由变元约束可及性关系 R。情态词 $have_{mod}$ 预设，凸显的可及性关系 R 在语境中具有可行性。R 对时间敏感：给定一个时间和一个可能世界，运算的结果是一个可能世界集合。集合内的可能世界构成了情态词的量化域。情态词 $have_{mod}$ 的时间论元为句子解读提供对应于 R 的可及性时间。根据例（38），我们处理的是与时间相关的必然性：在说话时刻必然，在过去必然等。

情态词 $have_{mod}$ 与时间特征合并，将时间特征定位于某个非过去的时间 t'。情态词评估时间的选择（t = t' or t < t'）由 have 的情态类型和内嵌句的"体"特征决定。静态事件的时间与可及性关系的时间参数可能会有重叠［例（39）］，但是，动态事件的时间必须在可及性关系的时间之后［例（40）］。

(39) She has to love him.

(40) She has to leave.

例（39）的意思是，根据我们目前（现在）所了解的，她目前（现在）爱他；例（40）是指，根据我们目前（现在）所了解的，她会在稍后（later than now）某个时间离开。

根据例（38），时间论元是可及性关系的时间参数。它决定情态特征在什么时间存在，而不是将事件时间定位于情态内嵌的小句之中。

例如，

（41）She had to leave.

在例（41）中，时态将她的责任义务定位于过去，而不是离开事件。将例（41）置于更广阔的语境之中，我们能够更清楚地看到，是"责任义务"而不是"离开事件"存在于过去。

（42）a. Elizabeth hesitated. She knew what she should do. She had to leave. But she decided to stay anyway.

b. They told her she had to leave. So she booked a ticket for the day after tomorrow.

通常，我们对例（41）的解读为，它不仅告诉我们她所具有的责任义务，同时也告诉我们，她已按人们所想的那样离开了。这似乎动摇了我们对情态词 $have_{mod}$ 所做的假设。再看例（43），由于自然法则（万有引力）的作用，句子的解读取值为真：

（43）The apple had to fall on the ground.

例（43）告诉我们，苹果掉到地上是必需的（obligatory）。同时，它还告诉我们，苹果已的的确确掉到了地上。这是因为，情态词 $have_{mod}$ 内嵌小句的时间参数对等于情态词 $have_{mod}$ 的时态（t = t'）。也就是说，在所有遵循万有引力的可能世界中，过去时态定义的时段中都包括"苹果落地"这一事件。真实世界是这些可能世界中的一员，因此，在真实世界中，苹果也会掉落到地上。

（二）have to 与 would 的关系

我们在本节讨论特殊句法的作用，特别是，为什么特殊句法能够支持回溯解读。以例（35）为例［重写为例（44）］：

（44）If she had eaten pudding, it would *have to* have been made without gelatin.

例（44）中后件小句的逻辑式结构为例（45）：

（45）［would［$have_{mod-R}$ to［$have_{perf}$［the pudding been made without gelatin］］］］

例（45）后件小句中有两个情态词，一个是 *would*，一个是 *have*.

$_{mod-R}$。情态词 *would* 的量化域通过锁定真实世界的"过去"得以确定，在例（45）中表现为包含真实世界"过去"对应体的可能世界，其中真实世界的"过去"包含"她吃布丁"事件。如果真实世界中的布丁是由明胶制成，那么，在 would 的量化域中，也会存在"布丁由明胶制成"的可能世界。情态词 *have*$_{mod}$ 限定这些世界的情态特征。它告诉我们，这些世界可通达至某些包含规则的可能世界，在这些包含规则的可能世界中，制作布丁不用明胶。此处相关的规则是她不吃动物产品。

情态词 *would* 管辖的可能世界中包含真实世界"过去"的对应体，在真实世界的"过去"中，"她吃布丁"。如果有些可能世界包含"她吃明胶制成的布丁"这一事件，这些可能世界也在情态词 *would* 的量化域之内。例（45）的后件限制了这些世界的情态特征：这些世界可通达至某些包含规则的可能世界，在这些包含规则的可能世界中，在某个非过去时间，制作布丁不用明胶。

后件小句中的情态词 have 具有重要意义。条件句的意义是，would 量化域中的世界是"制作布丁本应该不用明胶"的世界，而不是指"制作布丁不用明胶"的世界。

（三）条件句中的 if 小句

我们采用三分结构分析法分析情态词 *would*。根据三分结构分析法，if 小句在句法上限制情态词 *would*。这种分析过于简单，我们最终还是要对它做一个动态的解析（Von Fintel，1992，2001）。在本节，我们将重点讨论 if 小句与两个情态词解读之间的关系。我们认为，if 小句实际上限制了两个情态词的量化域，要正确理解该结构，动态分析则显得极为重要。如果 if 小句不限制任何一个情态词，情况又会如何？

1. if 小句与情态词 would

在第四章及本章，我们都认为，if 小句的作用是限制情态词 would。有什么证据能够证明这一点？为什么 if 小句限制情态词 would 而不是 have？

（46）$[$ would $[$ have$_{mod-R/if-clause}$ to $[$ have$_{perf}$ $[$ the pudding been made without gelatin$]]]]$

例（46）是 if 小句限制情态词 have 的逻辑式。事实上，我们很难理解例（46）的语义。假如例（46）有如下背景：

（47）If she come home early, she would have eaten dinner with us. But if she had eaten pudding, it would have to have been made without gelatin.

我们把第二个条件句的逻辑式表述为例（48）：

（48）$[\text{would}_{\text{If she come home early and she would have eaten dinner with us}}\ [\text{have}_{\text{mod-R/if she had eaten pudding}}\ \text{to}\ [\text{have}_{\text{perf}}\ [\text{the pudding been made without gelatin}]]]]$

根据例（48），情态词 would 受第一个条件句限制，would 管辖的可能世界为"她回家早且和我们一起吃晚饭"的世界。情态词 have 受 if 小句的限制，have 管辖的可能世界为"她吃布丁且遵循法则"的世界。

例（47）真实世界的情况为：布丁由明胶制成；她没有很早回家；她没和我们一起吃晚饭；她没吃布丁。根据例（48），would 管辖的可能世界为"她回家早且和我们一起吃晚饭"的世界。也就是说，would 管辖的可能世界与真实世界相比，其共同之处是她没有吃布丁，不同之处在于，她回家早且和我们一起吃晚饭。情态词 have 随后管辖包含规则的可能世界，这些可能世界可通达至 would 的量化域，与包含"她吃布丁"的可能世界相关联。条件句的含义为，在这些包含规则的可能世界中，布丁没有用明胶制作。

我们可以用以下案例说明，if 小句的工作模式正如我们如上所述：

（49）a. She isn't smart. If she were smart, she would be happy.

　　　b. I don't know she was smart or not. But if she were smart, she had to be happy.

　　　c. #She wasn't smart. If she were/had been smart, she had to be happy.

作为违实条件句，我们能够很容易地理解例（49a）。她其实不聪明。如果她聪明的话，她会很开心。例（49b）表明，在 have to 直陈句中，我们能够把她是否快乐与她是否聪明联系起来。例（49c）说明，在 have to 条件句中，我们不能把她是否快乐与她是否聪明违实地联系在一起。

例（49）说明，我们不能使用情态词 have to 来构建一个违实假设。这就意味着，例（44）中的 if 小句只能修饰情态词 would：只有 would 才能够将我们带入"她吃布丁"这样的违实世界中。条件句随后说明，在所有遵循法则的可能世界中，布丁不是用明胶制成的。

如果在对例（47）的解读中引入相似性概念，那么，我们就会有如下解释：真实世界的情况为：布丁由明胶制成；她没有很早回家；她没和我们一起吃晚饭；她没吃布丁。情态词 would 管辖与真实世界最相似的可能世界：她回家早且和我们一起吃晚饭；她吃了布丁。后件小句随即说明，与这些世界最相似且遵循法则的可能世界是，"布丁不用明胶制作"的世界。

如果 if 小句与真实世界不相容，我们就会用 would 来评估法则效应。Would 首先使这些可能世界与真实世界关联，have$_{-mod}$ 随即阐明法则对这些可能世界的要求。违实世界中被评估的法则在真实世界里是被认可的。就回溯型违实条件句而言，我们需要了解的是，如果环境改变了，这些法则会是个什么样子。

2. if 小句与情态词 have

本节讨论 if 小句与情态词 have 之间的关系。if 小句在句法上与 have$_{-mod}$ 并没有联系，然而，在动态理论框架里，if 小句与它所限制的情态词在句法上是否有联系无关紧要。

从直觉上说，if 小句的确制约情态词 have$_{-mod}$。情态词 have$_{-mod}$ 管辖的可能世界是"她吃布丁"且遵循法则的可能世界。

（50）If she had eaten pudding, it would *have to* have been made without gelatin.

（51）[would$_{if-clause}$ [have$_{mod-R}$ to [have$_{perf}$ [the pudding been made without gelatin]]]]

例（51）并不是例（50）后件小句正确的逻辑式。在例（51）

中，if 小句只和情态词 would 关联。Would 管辖"她吃布丁"的可能世界。真实世界 w_0 如例（52）所示：

（52）pudding is made with gelatin   she does not eat pudding
·············· . t_1 ··············· t_2 ··············· . s * ······ w_0

Would 管辖的可能世界包括真实世界"过去"（在"过去"，"她吃了布丁"）的对应体。我们用例（53）表示可能世界 w_1：

（53）pudding is made with gelatin   she eats pudding
·············· . t_1 ··············· t_2 ··············· . s * ······ w_1

根据逻辑式例（51），情态词 have$_{-mod}$ 管辖的可能世界源自情态词 would 量化域中的可能世界。

这种分析符合我们的直觉。它并没有保证，在情态词 have$_{-mod}$ 管辖的可能世界中，"她吃了布丁"，且"布丁不是由明胶制成"。这是因为，由可能世界 w_1 出发，存在两类遵循规则的可能世界，我们用 w_2 和 w_3 表示：

（54）pudding is made with gelatin   she does not eat pudding
·············· . t_1 ··············· t_2 ··············· . s * ······ w_2

（55）pudding is made without gelatin   she eats pudding
·············· . t_1 ··············· t_2 ··············· . s * ······ w_3

w_2 和 w_3 都是遵循规则的可能世界。如果情态词 have$_{-mod}$ 只管辖遵循规则的可能世界，那么，在它的量化域里也应该包含像 w_2 和 w_3 那样的世界。然而，我们对例（50）真值的判定表明，have$_{-mod}$ 只管辖如 w_3 那样的世界。唯一能做到这一点的，就是 if 小句制约情态词 have$_{-mod}$。这将确保情态词 have$_{-mod}$ 管辖"她吃布丁"且遵循法则的可能世界。情态词表明，这些世界是"布丁不是由明胶制成"的世界。

以上证据表明，例（50）中的 if 小句可分别制约情态词 would 和 have$_{-mod}$，这一观点也为 if 小句与情态词的交互作用提供了动态的解释。虽然 if 小句可能不是任何一个情态词的句法论元，然而它却能够影响两个情态词的解读。

第六节 结语

相似性关系决定违实条件句中情态词的量化域，量化域中的可能世界与真实世界相似（Lewis，1979）。Lewis 称之为普遍类型（General Pattern）。本章讨论的是偏离 GP 的条件句类型，即回溯型违实条件句。回溯型违实条件句又可分为两类：有特殊句法的回溯型违实条件句和无特殊句法的回溯型违实条件句。

无特殊句法的回溯型违实条件句违反 GP 的主要原因是条件句所包含的逻辑必然性，我们认为，这些例子不能成为违反 GP 的反例，因为它们的真值与评估世界（真实世界）的特征无关。

有特殊句法的回溯型违实条件句也只是表面上违反了 GP。我们的观点是，特殊句法增加了一层情态层，使我们能够评估事件可能是什么情况，如果在符合规则的世界（该世界不同于"过去"时段中的评估世界）中，情况有所不同。然而，这些可能世界并不在情态词 would 的量化域内。在这些例子中，相似性关系负责找到其他世界中真实世界的对应体，所挑选的可及性世界在相关特征方面与真实世界的"过去"相似。在早期，可及性世界不同于评估世界，这是情态词 have to 的量化域不同于情态词 would 的量化域的结果。而情态词 have to 的量化域由可及性关系决定。

参考文献

［1］ Bennett, Jonathan. 1984. Counterfactuals and Temporal Direction ［J］. *The Philosophical Review* 93：7 – 89.

［2］ Chierchia, Gennaro. 2000. *Dynamics of Meaning* ［M］. Chicago：University of Chicago Press.

［3］ Fintel, Kai Von. 1994. Restrictions on Quantifier Domains ［D］. PhD dissertation, Umass.

[4] Fintel, Kai Von. 2001. Counterfactuals in a Dynamic Context [A]. In Kenstowicz Michael (ed.), *Ken Hale: A Life in Language* [C], 132 – 152. Cambridge: MIT Press.

[5] Hacquard, Valentine. 2009. On the Interaction of Aspect and Modal Auxiliaries [J]. *Linguistics and Philosophy* 32 (3): 279 – 315.

[6] Hacquard, Valentine. 2010. On the Event Relativity of Modal Auxiliaries [J]. *Natural Language Semantics* 18 (1): 79 – 114.

[7] Kamp, Hans & Uwe Reyle. 1995. *From Discourse to Logic* [M]. Dordrecht: Kluwer Academic Publishers.

[8] Lewis, David. 1979. Counterfactual Dependence and Time's Arrow [J]. *Noûs* 13: 455 – 476.

[9] Stalnaker, Robert. 1968. A Theory of Conditionals [A]. In Nicholas Rescher (ed.), *Studies in Logical Theory* 2 [C], 98 – 122. Oxford: Blackwell.

[10] Stalnaker, Robert. 1984. *Inquiry* [M]. Cambridge: MIT Press.

[11] Stalnaker, Robert. 1999. *Context and Content* [M]. Oxford: Oxford University Press.

[12] Stowell, Tim. 2004. Tense and Modals [A]. In Jacqueline Guéron and Julie Lecarme (eds.), *The Syntax of Time* [C]. 621 – 636. Cambridge: MIT Press.

[13] Szabolcsi, Anna. 2011. Certain Verbs Are Syntactically Explicit Quantifiers [J]. *The Baltic International Yearbook of Cognition, Logic and Communication* 6 (1): 1 – 32.

第八章

将来时间焦点违实条件句的违实解释

本章在前人对违实条件句研究的基础上，进一步分析了前件时间相冲突的违实条件句类型，指出只有该类型的违实条件才是真正意义上的违实条件。只有通过结合 Lewis 与 Stalnaker 的假设，分析时制与体态在违实条件句中的语义功能，才能说明违实义的来源，并对违实条件句以假设表现实的语言现象做出合理的解释。

第一节 引言

违实条件句（counterfactual conditional）一直是国际语义学界及逻辑学家热衷的研究课题之一。从 19 世纪末至今，对违实条件句的研究就从未停止过，研究的领域也涉及违实条件句的各个方面①。本章讨论违实条件句的一个特例，即前件（antecedent）小句中的时态语素与共现的时间副词不相匹配的违实条件句，我们称之为真违实条件句（True counterfactual conditional），如例（1）与例（2）②：

---

① 违实条件句之所以会成为近年来语义学家研究的重要课题之一，其原因在于：违实条件句具有形式与内容不相匹配的特点，即句子自身具有矛盾性——句子所阐述的内容为真实世界的内容，但阐述方式则是通过非现实的可能性来表述。

② 所谓真违实条件句，是指在将来也不可能为真的条件句。假设约翰的儿子实际上是昨天出生的，而约翰对此感到非常高兴。然而内心里他又希望儿子两天后出生更好，因为那天正好也是他自己的生日。也就是说，约翰希望与儿子同一天生日，然而他的愿望并没有实现。例（1）在这种情景下表明，如果我们违实地假设他的儿子在明天出生，那么可以肯定约翰会比现在更高兴。

（1）If his son had been born TOMORROW，John would have been even more pleased.

（2）If we had gone out for a walk TOMORROW，we would have had a good time.

以上两句的特点是，句中的时间副词都是句子的焦点，条件句的时制指向过去的某个时间，而共现的时间副词却是表将来的时间。早期文献（Stalnaker 1968；Lewis 1973；Kratzer 1981，1989）对此并没有明晰的讨论。虽然 Rooth（1985）讨论了一些前件中含有焦点成分的违实条件句，并在 Kratzer（1981）的基础上提出了解决方案，然而他的例子中并不包含焦点时间副词的例句。

Ippolito（2002，2003）把以上这类句子称为"误匹配过去型违实"（mismatched past counterfactual）。他认为，由于人只能出生一次，具有不可重复性，因此，约翰儿子的两个出生日期是矛盾的。然而，事件的不可重复性并不是该类型的必要条件。例如，例（2）就包含一个可重复的事件，句子仍具有"误匹配过去型违实"特征。尽管理论上我们既可以明天出去散步也可以是昨天，这种可能性在例（2）中被排除了。人们必须想象这么一个违实情景，即我们是明天出去散步而不是在昨天。在这种假设下，我们得出结论，我们明天会玩得开心①。本章拟对这一现象进行进一步的深入分析。

第二节　违实条件句的时制与违实义

在普通违实句中，同样的语素形式用来谈论过去时段内的违实情景②。如例（3）：

---

①　一个可能的情景是：由于计划的制约，我们只能在昨天与明天中选择一天出去散步。我们决定昨天散步可是下雨了。现在天气预报报道说明天会是一个晴好的天气。

②　例（3）的违实条件句不是我们要讨论的真正意义上的违实句，因为虽然与过去的事实相反，该句仍有可能在将来某个时间为真，我们称之为可能违实条件句。本书所讨论的真违实条件句是指在将来也不可能为真的条件句。

（3）If John had been rich, he would have bought a big mansion.

"约翰富有"这一假想情景的时间定位于过去，而结论也是由这一假设推断而来。例（1）不同于例（3）的地方在于，前者假想情景的时间定位于将来。问题是，为什么通常专用于表述过去违实情景的语法结构能够用于谈论将来的违实情景①？

（4）If... had p.p..., ... would have p.p.... （p.p. 表示动词的过去分词形式）

（5）If John had been rich, he would have been happy.

例（4）通常引出时间定位于过去的违实条件句，如例（5）。现在型违实用图式例（6）表示，例（7）为该图式的举例说明。

（6）If... V – ed..., ... would V... （V 表示动词原形，V – ed 表示动词的过去式）

（7）If John were rich, he would be happy.

Iatridou（2000）认为，例（5）与例（7）中的过去时是"名实相悖的"（fake），因为他们不表达"先时"（anteriority）意义。从语义上说，他们表达的是"在不同于现实世界的某个世界中接受评判"。如果例（5）与例（7）中的过去时对例句自身有相同的语义作用，就可以判断，过去性（pastness）是造成违实义的原因，而完成体在过去型违实句中表示先时性。

Iatridou 的假设与 Lewis（1973）实质上是一致的。Lewis 提出了违实条件联结词□→，并将例（7）形式化为例（8），读作例（9）：

（8）John is rich□→ John is happy

（9）If it were the case that John is rich, then it would be the case that

---

① 违实条件句与虚拟语气句的划分以语义为基础，两者是被包含与包含的关系，后者包含前者。虚拟语气包含真正的违实关系与可能的违实关系（具有非违实可能性），违实条件句只表示真正的违实关系。现在型虚拟语气和过去型虚拟语气在形式上等同于违实条件句，而将来型虚拟语气的前件不同于违实条件句：前者的前件动词形式为 would（should）+ V，而违实条件句前件的动词形式为 V + – ed + 表将来的时间副词或 had + V_{pp} + 表将来的时间副词（V_{pp}为动词的过去分词形式）。

he is happy.

分析表明，前件中的过去时和后件中的助动词 would 用于指示违实性而不是先时性。例（8）中的现在时表明前件所描绘的时间定位是说话时间。过去型违实句如下例：

（10）John was rich □→ John was happy

（11）If John had been rich, he would have been happy.

（12）If it were the case that John was rich, then it would be the case that he was happy.

综合 Lewis（1973）与 Iatridou（2000）的观点，Ippolito（2002）认为，例（4）的真值条件可表示为如下[①]：

$[$ $[$ If A had V^1 – ed, B would have V^2 – ed$]$ $]^{wc}$（t_c）有值仅当存在一个语境凸显时间（contextual salient time）t, t < t_c。$[$ $[$ If A had V^1 – ed, B would have V^2 – ed$]$ $]^{wc}$（t_c）取值为真当且仅当以相似性集阶（similarity hierarchy）为标准，最接近真实世界 wc 的所有世界中，若 $[$ $[$ A V^1（无时态）$]$ $]^w$（t）为真，t 是 wc 中早于 t_c 的语境凸显时间，则 $[$ $[$ B V^2（无时态）$]$ $]^w$（t）为真。

虽然该假设可用于解释例（4），然而这种"凸显时间观"无法解释例（1）与例（2）的情况。在例（1）与例（2）中，语境凸显的过去时间必须包含在表将来的时间副词 tomorrow 所限定时间范围内，这无疑是一个矛盾。

Ippolito（2002）的假设有两个问题。第一个问题就是违实情景必须存在于过去时段这一要求。例（1）与例（2）因为时间副词 tomorrow 表将来时间而违背了该要求。第二个问题则是以相似性集阶为标准，上述假设有可能无法正确预测哪些世界最接近于现实世界。例如，在例（2）中，与我们在明天而不是在昨天散步的世界相比，我们既在昨天又在明天散步的世界与现实世界更为相似。然而实际情况恰恰相反。

---

① t_c 表示说话时间，< 表示先于关系，w_c 表示现实世界。

例（1）与例（2）是真正的违实条件句，而例（13）和例（14）则不是。

（13）If his son was born TOMORROW, John would be pleased.

（14）If we went out for a walk TOMORROW, we would have a good
time.

Iatridou（2000）把他们称为"缺少生动性的未来条件句"（future less vivid conditionals）。上例表示"约翰的儿子在明天出生"（"我们明天出去散步"）不太可能但并没有完全排除掉。这种类型的假设句与违实条件句大不相同：前件所描述的命题与现实世界中任一为真的命题都没有对比，因此，例（1）与例（13）、例（2）与例（14）无法互换。Iatridou 的"名实相悖的过去时态"解释不了该现象。在例（13）与例（14）可接受的语境中，过去时态与现在型违实句及过去型违实句中的过去时态一样，必须是"名实相悖"的，因为他们的前件也是用于讨论将来情景的。然而"缺少生动性的未来条件句"与现在型违实句及过去型违实句不同。前者并不属于违实句，因为说话者相信前件所描述的事件可能在将来发生（尽管可能性很小）。尽管以上论断精确地描述了英语事实，但是为什么"名实相悖的过去"不能用于有关将来的真正的违实条件句则无法解释。

Kratzer（1981）提出一个方案，对任一世界 w，函数 f 挑选出该世界中相关的所有命题的集合。Kratzer 的解释如下[①]：对任一命题 p 和任一世界 w，A_w（p）被定义为包含 p 的、f（w）$\cup\{p\}$ 中所有一

---

① Kratzer（1981）认为有些命题包含在每一个最大集里，有些命题则排除在外（即剔除某些重叠在一起的命题）。例如，Hans 和 Betty 一块在一家叫 Dutchman's Delight 的餐馆度过了一个晚上。假设与事实相反，Betty 去了 Blue Sea 酒吧。那么我们可以从假设中断定，Hans 也会去那儿。这一点可以从 Kratzer 的假设中推导出来。若假设 f（w_c）包括命题"Hans and Betty spent the evening together"，则可知 Hans 也去了 Blue Sea 酒吧。该命题与以下两个命题重叠："Hans went to Dutchman's Delight"、"Betty went to the Dutchman's Delight"。如果一个命题错误，那么另一个命题也会错误。因此，下例为真："If Betty had gone to Blue Sea, Hans would have gone there, too"。

致性子集（consistent subsets）的集合。根据她的定义，我们可以说，一个具有形式"If p，q"的违实条件句在 w 中为真当且仅当后件为真源自 A_w（p）中的每一个最大集（maximal set）。

（15）If John had married SUSAN，he would have been happy.

（16）If John had MARRIED Susan，he would have been happy.

例（15）明显蕴含了约翰和某人结了婚，但这个人不是苏珊。假设与事实相反，约翰与苏珊结了婚。从这个假设出发，我们是否能得出结论"John would have been happy"？另一方面，例（16）是适宜的当且仅当约翰与苏珊有非婚姻的个人关系。假设与事实相反，约翰与苏珊有婚嫁关系。从这个假设出发，我们是否能得出结论"John would have been happy"？上例可分别表述为：

（17）存在某个体 x，约翰与 x 结了婚，x 是语境凸显个体中的一个。（Susan 也是其中之一）

（18）存在某关系 R，< John，Susan > ∈ R，R 是语境凸显关系中的一种。（婚嫁关系也是其中之一）

再如，

（19）If John hadn't married SUSAN，he would not have been happy.

（20）If John hadn't MARRIED Susan，he would not have been hap-py.

对例（20）后件的评价与世界集有关，在这些世界中，John 与 Susan 有的是约会或朋友等关系，而不是婚嫁关系。在该情景下，违实条件句为真。与此相对，例（19）直觉上就是错的，因为 f（wc）包含命题（17）。例（19）的后件源于以下假设：约翰与某人结婚了，这个人不是苏珊。我们判定该违实条件句为假，因为该命题表达的是，只要约翰结婚了，他就会很开心，不管他的配偶是谁。

Ippolito（2002，2003）对 Ogihara（2000）提出了批评。例如：

（21）If Charlie had gone to Boston THE DAY AFTER TOMORROW，he would have seen the Red Sox play.

（22）If he had gone to MILAN tomorrow，he would have met my

sister.

Ippolito 认为，即使我们假设 Charlie 从未去过波士顿，现在也已不在人世，例（21）仍可接受。由于没有命题与前件为真的命题相比对，因此，Ogihara（2000）的结论是有缺陷的。另外，规则的过去型违实条件句也能用于谈论将来的假想情景，这一点也无法用 Ogihara（2000）的理论解释①。

（23）If the Mariners had played the Yankees TOMORROW, I would have gone to the game.

（24）If the Mariners were playing the Yankees TOMORROW, I would be going to the game.

（25）If his son had been born TOMORROW, John would have been even more pleased.

（26）If his son were born TOMORROW, John would be even more pleased.

例（23）可以解释为例（24），而例（25）不可解释为例（26），这说明"误匹配过去型违实条件句"与规则的过去型违实条件句之间是有差别的。Ippolito 对"误匹配过去型违实条件句"的看法如下：第一，可通达世界（accessible worlds）部分由条件句的时态形式决定。具体而言，过去型违实条件句要求可通达世界的决定与某过去时间相关，非过去型违实条件句要求可通达世界与非过去时间相关。第二，现实世界中某相关凸显时间发生的语境集（说话人的预设）必须与条件句前件的预设相一致。相关凸显时间由条件句的时态形式决定。过去型违实条件句要求该时间为一过去时间，而非过去型违实条件句要求该时间为非过去时间②。

---

① Ippolito 的批评也有问题。用过去型违实条件句谈论将来的假设情景通常都不是完全可接受的句子。与典型的"误匹配过去型违实条件句"相比，前者的使用没有后者自然。

② 例（27）是图式 $[[\text{If DP1 PAST PERF3 VP1, DP2 WOULD PERF3 VP2}]]^{0,\text{wc}}$ (t_c) 的一个具体例子。S 表示整个的违实条件句，t_c 表示说话时间，g 表示语境提供的值指派函数，g（3）表示标号 3 指称的时间段。

（27） a. If Charlie had taken his Advanced Italian test tomorrow, he would have passed.

b. ［［S］］^{g,c} = 1 iff ∀ w ∈ W［w 是在时间段 g（3）内、自 w_c 可通达的世界，在 w 中 Charlie takes his Advanced Italian test tomorrow → 在 w 中 Charlie passes］可解，当且仅当 g（3）< t_c。

c. * If Charlie took his Advanced Italian test tomorrow, he would pass.

d. ［［S］］^{g,c} = 1 iff ∀ w ∈ W［w 是在时间段 g（3）内、自 w_c 可通达的世界，在 w 中 Charlie takes his Advanced Italian test tomorrow → 在 w 中 Charlie passes］可解，当且仅当 t_c ≤ g（3）。

Ippolito 的可通达性概念不是很清楚。对例（27b）她是这样解释的：对所有的世界 w，w 是语境凸显过去某时间现实世界的可能性未来世界，如果在 w 中 Charlie 参加明天的高级意大利语测试，则在 w 中他通过考试。其意义为：Charlie 曾在过去某个时间参加过高级意大利语测试，在此之前，Charlie 参加明天的高级意大利语测试仍有可能。

另外，例（27c）要求，在说话时刻，Charlie 明天参加考试仍不能被排除。这与事实相反，因为我们知道，他已在过去某时间参加了考试。这与违实条件句的标准特征大不相同。Lewis 和 Kratzer 的观点，确定可通达世界的标准不是建立在前件命题是否在现实世界中具有可能性，而是在前件命题是否为真的假设的基础上。

Ippolito 对"误匹配过去型违实条件句"的第二个看法可解释如下：当使用非过去型违实条件句时（条件句前件的时态形式为一般过去时），前件的预设必须与"语境凸显时间"的语境世界的预设相兼容，这就是为什么例（28a）不可接受而例（28b）可接受的原因。

（28） a. * Charlie is dead. If he came to the party tomorrow, he would meet Sally.

b. Charlie is dead. If he had come to the party tomorrow, he would have met Sally.

Ippolito 认为，既然 Charlie 现在已经死了，"他明天去参加集会"的预设在明天无法满足，因为该句的预设为"Charlie 现在还活着"。条件句时态表明的时间范围内，前件情景必须是可能的。

（29）Charlie is dead. If he were here now, he would be enjoying the party.

与例（28a）相同，在例（29）中，条件句中前件的预设也没有得到满足（Charlie 现在已死），然而句子可以接受。

在 Ogihara（2000）的基础上，Ogihara（2006）提出了以下假设，回应 Ippolito（2002，2003）的批评①：

[[If DP1 PAST PERF3 VP1, DP2 WOULD PERF3 VP2]]^{O,WC} (t_c) 有解，当且仅当语境凸显时间 $t_R < t_c$，且存在一个 x，[[DP1 VP1]]^{f,wc} (x) (t_R)。[[If DP1 PAST PERF3 VP1, DP2 WOULD PERF3 VP2]]^{O,WC} (t_c) 为真当且仅当命题 α 源自 β 的每一个最大集。其中，α 为：{w|存在一个时间段 i，使得 [[DP2 VP2]]^O (i) (w) 为真}

β 为：A_{wc} ({w|存在一个时间段 i，使得 [[DP2 VP2]]^O (i) (w) 为真})

该假设说明的是，预设的命题必须在参照时间时为真，而参照时间被预设为某一过去的时间。这就意味着，在前件含有将来时间副词的"误匹配过去型违实条件句"中，为真的命题并非是前件所描述的命题。另外，由于前件小句描述的是可能发生在过去的某个情景，因此，前件所描述的也有可能是为真的命题。这也就是说，前件允许

---

① 对 Ogihara（2006）的观点，应补充说明以下几点：（1）PERF3 表示现在完成体，上标 O（ordinary）表示通常语义值，wc 表示现实世界，t_c 表示说话时间，t_R 表示参照时间（reference time）。（2）一个句子的焦点语义值引入一个 λ–算子，该算子约束焦点位置上的变元，例如，[[John meets MARRY]]^f = λx . λt . John meets x at t。（3）A_{wc} (p) = 包含 p 的，f (w_c) ∪ {p} 的所有一致性子集的集合，f (w) 表示在世界 w 中取值为真的命题的集合。（4）x 是与焦点成分类型相关的变元。

在现实世界中为真。

Ogihara（2006）认为，例（28a）与例（29）的区别不是由现在型违实条件句的内在本质造成的，而是"缺少生动性的未来条件句"的独特性造成的。

综合以上讨论，我们认为，单从时制入手，还不能解释违实义的来源。只有把时制与体态结合起来，把事件放入到可能世界中进行讨论，才可能发掘出真违实条件句违实义的本质。

第三节　违实条件句的体态与违实义

上一部分讨论时制对违实义的作用，该部分讨论体态对违实义的影响。

（30）She made her first soup last Friday. If she had made her first soup next Friday, she would have had help from her mother in law.

（31）* She made her first soup last Friday. If she made her first soup next Friday, she would have help from her mother in law.

在 Lewis - Stalnaker 的分析模式中，具有"If α, would β"形式的条件句在世界 w 中为真当且仅当（i）α 在 w 中为真；（ii）α 在最相似于 w 的某些可能世界中为真；（iii）β 在这些可能世界中也为真①。根据这种观点，would 占可能世界的宽域，与评估世界的相似性是量化域形成的理据。

体态在 would 的辖域内起重要作用。在包含 would 的违实条件句中，情态与时间特征结合，把参照时间移至为非过去的某个时间②。Would 可以标识为以下形式③：

---

①　α 为前件命题，β 为后件命题。

②　Enç（1996）与 Iatridou（2000）都曾讨论过情态在参照时间转移过程中所起的作用。

③　t_i 表示语境凸显的非过去时间，P 与 Q 为时间特征。

（32）［［would］］$(P_{<i,<s,t>>})(Q_{<i,<s,t>>})(w)=1$ 当且仅当

（i）$P(t_i)$ 在 w 中为真；

（ii）$P(t_i)$ 在与 w 最相似的可能世界中为真；

（iii）$Q(t_i)$ 在这些可能世界中也为真。

违实条件句可分析为三分结构：would（if - clause）（consequent - clause），其中 would 为算子，if - clause 为制约成分，consequent - clause 为核心。if - clause 中的命题限制情态的量化范围，consequent - clause 中的命题为核心辖域。例（30）中前件的完成体使得前件命题不同于例（31）中前件的已然体（过去时）所产生的命题。前件命题的差别导致不同的情态量化域以及对条件句的不同解读。

我们认为，体态词首的功能是将事件特征映射到时间特征上。体态短语（Aspectual Phrase）在句法树上处于 VP 层和 TP 层之间（Kratzer 1998）：

（33）

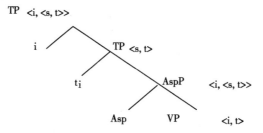

时态可作为变元表示时间段（temporal intervals），从技术上而言，对自由变元的抽象（abstraction）也是允许的（Partee 1973；Heim 1994；Kratzer 1998；Arregui 2004）。因此，时态短语可以表示时间特征并给情态词提供适宜的论元。事件变元指代被世界约束（world - bound）的个体事件。事件是世界的一部分，指示性事件（自由变元）应解释为现实世界中的事件。

尽管事件被世界约束，我们仍能通过世界来指明事件。跨世界的同一关系（identification）由现实世界的事件及与其对应的某一可能

世界的事件这两者之间的对应关系决定①。这种关系灵活，很大程度上依赖语境。正是这种与事件变元解释相关的对应关系挑选出了与时空特征（spatiotemporal properties）相匹配的事件。这种解释能帮助我们理解已然体（perfective aspect）如何把前件小句锚定在真实世界，而完成体则不行。

Kratzer（1998）认为，完成体的功能是将事件特征映射到时间特征上，在事件发生随后的时间里，该句也为真。Kratzer 的解释实质上就是"致使状态"解释（Parsons 1990）。

（34）［［perfect］］（P）＝ λtλw∃e［P（e）（w）& τ(e) < t］

结合例（32）would 的语义，例（30）中前件小句的命题可形式化为：

（35）对于某非过去时间 t_i

λw∃e［she－makes－her－first－soup（e）（w）& next Friday（e）（w）& τ(e) < t］

例（31）中的情态词管辖与现实世界最相似的世界 w，在该现实世界中，某事件（她第一次熬汤）发生在下星期五。最相似的世界为"她没有熬汤的世界"。因此，我们管辖的世界是第一次熬汤这一事件在另一时间发生的世界，该时间为下星期五而不是上个星期五。例（30）中前件子句命题具有真正的违实假设：就"她第一次熬汤"而言，它可以使我们通达到与现实世界不同的可能世界。

Bennet & Partee（1978）认为，英语中的缺省体为已然体。仅状态事件（具有同质性的事件）在现在时中具有"正在进行"的解读，非状态事件具有习惯性、通指性或量化类型的解读。状态性事件切分为再小的成分也会与说话时刻的特征相同。因此，若没有显性的体标识，事件特征由缺省的已然体词首投射至时间特征上。

已然体把前件子句锚定在现实世界的事件上，这是由于已然体与现实世界的事件直接相关。根据 Arregui（2005），已然体引入一个自

---

① 关于可能世界的说明可参考 Lewis（1973）。

由事件变元：

(36) $[\,[\mathrm{perfective}-e_i]\,]^{g,w0}$ (P) $= \lambda P\ t\lambda w\ [\,P\,[\,[e_i]\,]^{g,w0}$ (w) &

$\tau[\,[e_i]\,]^{g,w0} \subset t]$

事件变元值由指派函数获解，因此

(37) 对于某非过去时间 t_i

$\lambda w\ [\,\mathrm{she-makes-her-first-soup}\ (\,[\,[e_i]\,]^{g,w0})$ (w) & next Fri-day $(\,[\,[e_i]\,]^{g,w0})$ (w) & $\tau(\,[\,[e_i]\,]^{g,w0}) \subset t_i]$

例（37）不同于例（35）。例（37）中事件变元的外延为现实世界中的某个个体，该事件只能通过在其他世界中的对应事件得到解释。这个在其他世界中的对应事件个体在时空特征上与该事件相匹配。因此，若"她第一次熬汤"这一事件在现实世界中的上星期五已发生过，那么，该事件也将在包含该事件对应事件的、所有的可能世界中发生。

只有在以下情况例（37）的命题为真：与现实世界中的事件"她第一次熬汤"相对应的、存在于可能世界中的对应事件在下个星期五发生。只有现实世界中的事件具有某个时空特征，其对应的事件才可能具有该时空特征。既然她已在上个星期五做了汤，那么，（37）所表示的命题在任何一个可能世界中都不可能为真。这就使得它不适合做情态词的制约成分，从而解释了例（31）的不合语法。

第四节　结语

本章在前人对违实条件句研究的基础上进一步分析了前件时间相冲突的违实句类型，指出只有通过结合 Lewis 与 Stalnaker 的假设，分析时制与体态在违实条件句中的语义功能，才能说明违实义的来源，并对违实条件句以假设表现实的违实现象做出合理的解释。

参考文献

［1］ Arregui, Ana. 2004. *On the accessibility of possible worlds* ［D］. Ph. D dissertation, Umass: Amherst.

［2］ Arregui, Ana. 2005. On the Role of the Perfect in Would‐conditional ［A］, in Aaron Lawson (ed.), *Proceedings of the 2005 annual conference of the Canadian Linguistic Association* ［C］, 139 – 148. Ottawa: CLS Publicatiions.

［3］ Bennett Jonathan & Barbara Partee. 1978. *Towards the Logic of Tense and Aspect in English* ［M］. Indiana: IULC.

［4］ Enç, Mürvet. 1996. Tense and Modality ［A］, in Shalom Lappin (ed.), *The Handbook of Contemporary Semantic Theory* ［C］, 345 – 358. London: Blackwell Publishers.

［5］ Heim, Irene. 1994. "Comments on Abusch's Theory of Tense" ［A］, in Hans Kamp (ed.), *Ellipsis, Tense and Questions* ［C］, 214 – 226. Amsterdam: University of Amsterdam.

［6］ Iatridou, Sabine. 2000. "The grammatical ingredients of counterfactuality" ［J］. *Linguistic Inquiry* 31, 231 – 272.

［7］ Ippolito, Michela. 2002. *The Time of Possibilities, Truth and Felicity of Subjunctive Conditionals* ［D］. Ph. D. dissertation, MIT.

［8］ Ippolito, Michela. 2003. "Presuppositions and Implicatures in Counterfactuals" ［J］. *Natural Language Semantics* 11, 145 – 186.

［9］ Makoto Kanazawa, Stefan Kaufmann & Stanley Peters. 2005. On the Lumping Semantics of Counterfactuals ［J］. *Journal of Semantics* 22, 129 – 151.

［10］ Kratzer, Anglika. 1981. "Partition and Revision: The Semantics of Counterfactuals" ［J］. *Journal of Philosophical Logic* 10, 201 – 216.

［11］ Kratzer, Anglika. 1998. "More Structural Analogies Between Pronouns and Tenses"［A］, in Devon Strolovitch and Aaron Lawson (eds.), *Proceedings of SALT VIII*［C］, 121 – 157. Ithaca: CLC Publications, Cornell University.

［12］Kratzer, Anglika. 2005. "Constraining Premise Sets for Counterfactuals"［J］. *Journal of Semantics* 22, 153 – 158.

［13］Lewis, David. 1973. *Counterfactuals*［M］. Cambridge Mass: Harvard University Press.

［14］Ogihara, Toshiyuki. 2000. "Counterfactuals, Temporal Adverbs, and Association with Focus"［A］. *SALT* 10 *Proceedings*［C］, 115 – 131. Ithaca: CLC Publications, Cornell University.

［15］Ogihara, Toshiyuki. 2006. Tense, Adverbials and Quantification［A］. In Zanuttini, Raffaella, Hector Campos, Elena Herburger and Paul Portner (eds.), *Crosslinguistic Research in Syntax and Semantics: Negation, Tense, and Clausal Architecture*［C］, 123 – 167. Washington D. C: Georgetown University Press.

［16］Parsons, Terrence. 1990. *Events in the Semantics of English*［M］. Cambridge: MIT Press.

［17］Partee, Barbara. 1973. Some Structural Analogies Between Tense and Pronouns［J］. *The Journal of Philosophy* 70, 601 – 609.

［18］Rooth, Mats. 1985. *Association with Focus*［D］. Ph. D. dissertation, UMass: Amherst.

［19］Stalnaker, Robert. 1968. A Theory of Conditionals［A］, in N. Resher (ed.), *Studies in Logical Theory*［C］, 135 – 164. Oxford: Blackwell.

第九章

汉语违实条件句"要不是 p，q"的违实解释

违实条件句一直是语言哲学家和生成语法学家们的热门话题之一。对于违实条件句是否具有违实语法标记及其句法语义的性质如何，学者们莫衷一是，各执一词。本章以汉语违实条件句"要不是 p，q"为研究对象，认为：第一，汉语不同于其他形态丰富的语言，在违实条件句中不存在显性的违实语法标记；第二，对英语条件句的结构三分法同样适用汉语违实条件句；第三，"要不是 p"中内含唯实算子，该算子使违实条件句"要不是 p，q"在句法和语义上独具特色，迥异于其他类型的条件句。

第一节　引言

自生成语法创建以来，违实条件句一直都是语言学家们的热门话题。在许多印欧语系的语言中，违实性与语言中的时、体、态成分紧密相连。因此，学者们关注的问题是，哪一种语法结构能够表达违实意义，语言中的违实意义是如何派生如何建构的（Lewis，1973，1975；Iatridou，2000；Von Fintel，1999；Ippolito，2003，2007）。然而，在汉语中，违实现象并没有引起学者们的足够重视。除蒋严（2000）集中讨论过汉语的违实条件句外，有关违实性的讨论多散见于论文或专著之一隅（Tsang，1981；陈前瑞，2003；李敏，2006；王晓凌，2007，2009）。基于此，本章以典型的汉语违实条件句"要

不是 p，q"为例，讨论汉语的违实性问题①。文章主要研究以下三个问题：第一，汉语违实条件句中是否有违实语法标记；第二，汉语违实条件句"要不是 p，q"的句法结构及句法特征是什么；第三，汉语违实条件句"要不是 p，q"的语义特征是什么。

第二节　违实条件句与违实语法标记

对于违实条件句是否有语法标记，学界有两种看法。一类为标记说，另一类为非标记说。持语法标记说的学者们一致认为，违实条件句具有违实语法标记。然而，在标记成分的选择上，他们的观点有所不同：一种观点是时态标记违实性（Iatridou，2000），另一种则认为是标句词标记违实性（Nevins，2002）。持无标记说的学者们则认为违实条件句并没有显性的语法标记（蒋严，2000）。

一　时态标记说

Iatridou（2000）提出双层时态假说（Double Layers of Tense）来解决英语、希腊语中的违实现象，这些语言具有丰富的、语法化的时态标记。她认为，违实条件句的违实意义来源于条件句的"排除特征"（exclusion feature），该特征在英语中以显性的时态语素体现。现代希腊语也具有同样的表现形式：

(1) Aneperne afto to siropi，θa γinotan kala.（现代希腊语）

　　if take/Past/Imp this syrupFUTbecome/Past/Imp well

　　If he took this syrup, he would get better.

(2) If Sophie had gone to parade, she would have seen Pedro.（现代英语）

---

①　虽然讨论的是"要不是 p，q"，其他的同类句型如"若不是 p，q"、"若非 p，q"也应具有与前者相同的句法特征和语义特征。陈国华（1988）认为，"要不是、若不是"以及文言文中遗留下来的"若非"所引导的条件句都是违实条件句。在口语中，"要不是、若不是"也可以省略为"不是"，而"若非"在现代汉语中则已极少使用了。

时态二分为过去时和现在时，将来只是一种情态表达（Quirk 1985）。在希腊语（1）中，"排除特征"包含在以过去时语素为表现特征的算子内。"排除特征"可以形式化为例（3）：

（3）a. T（x）excludes C（x）.

b. x can range over times or worlds.

T（x）表示 Topic（x），C（x）表示"我们所知道的、说话人的 x"。若排除算子（Exclusion Operator）作用在时间域上，话题时间 Topic（x）排除说话时间 C（x），时间排除关系引发过去时。若排除算子作用在可能世界域上，现实世界或话语世界［Utterance World C（x）］被排除在话题世界 Topic（x）之外。这种情态排除关系导致违实性的出现。

基于对希腊语、德语、意大利语等语言的语料分析，Iatridou（2000）认为，体语素（aspect morphology）和虚拟语气都不是违实句的必要成分。过去时语素在决定违实意义方面有着重要作用。在这些时态丰富的语言中，过去时语素就是违实条件句中的违实语法标记。

二　标句词标记说

Nevins（2002）通过观察汉语、土耳其语、希伯来语和斯洛文尼亚语，发现这些无显性时态语素的语言用特定的标句词（Complementizers）形式传递违实意义。

Nevins（2002）认为，自然语言采用哪种形式表达违实意义与删除性特征相关（cancellability property）。违实句中有排除特征的语言，其 if 小句表达出来的命题错误能够被消除，用标句词传递违实意义的语言，其 if 小句表达出来的命题错误不能消除。例如，英语违实条件句使用过去时作为排除特征，其条件句前件隐含（imply）而不是预设（presuppose）命题错误。隐含的命题错误可以在随后的陈述中被取消，即断定 if 小句所表达的命题正确而不会造成句子语义的冲突

（Anderson，1951；Stalnaker，1975；von Fintel，1998）①。如 Anderson
（1951）给出的例句：

（4）If the patient had taken arsenic，he would have shown just exact-
ly those symptoms which he does in fact show. So it's likely that he
took arsenic.

与此相反，在标句词标记违实意义的语言中，违实性无法被消
除。例如汉语②：

（5）要是病人吞服了砒霜，他就会表现出与现在一样的症状。因
此，他很有可能服下了砒霜。

例（5）是与例（4）相对应的汉语直陈条件句（Indicative Condi-
tionals）。若将英语违实条件句例（4）用相应的汉语违实条件句来表
达，则句子不合语法③：

（6）＊要不是病人没吞服砒霜，他就会表现出与现在一样的症
状。因此，他很有可能服下了砒霜。

三　无标记说

蒋严（2000）认为，汉语违实条件句不存在违实语法标记④。违
实性由语用推导派生而来，是语用蕴含（Pragmatic Implicature）的结

---

① 并非所有的英语违实条件句都具有删除性特征。根据 Ippolito（2003），非匹配型过
去时违实条件句中，要消除前件的命题错误不像过去时违实条件句那么简单。

② 若无特殊说明，文中所有中文例句都来自北大中文 CCL 语料库。

③ 例（6）标句词"要不是"后所接的小句是否定句"病人没吞服砒霜"。若标句词
"要不是"中的否定算子"不"否定整个前件命题，那么，例（6）的前件应与例（5）的
前件在意义上对等。若将例句改为："要不是病人吞服了砒霜，他就不会表现出与现在一样
的症状。因此，他很有可能服下了砒霜"，句子合乎语法。然而这并不是违实条件句，而是
违实外衣掩盖下的直陈条件句。句子用双重否定表示肯定，强调"他服下砒霜"有极大的
概率。

④ 蒋严（2000）讨论了六个因素：副词"早"；体标记；句尾小品词"了"；副词
"真的"；否定标句词以及对立关系。通过对以上因素的讨论，蒋严提出，汉语中不存在违
实标记。

果。没有相应的语境就没有违实语义。尽管"要不是"连接的句子是违实句，"要不是"里的否定词"不"并不是违实标记。"要不是 p"的违实性源自对小句 p 的否定：小句 p 往往指向已然的事态，否定已然，自然导致违实解。我们同意蒋严（2000）的意见，认为"要不是 p"中的"不"并不是违实标记，其作用范围是命题 p。同时，我们认为，小句 p 往往指向已然的事态并不绝对。事实上，许多由"假设条件连词＋不是"引导的违实条件小句中的时间并不是指向已然的事态，而是说话当下时间或者将来时间的事态，如例（7）是当下的事态，例（8）为将来的事态：

（7）过道那头，传来嗦嗦的响动，一个影子慢慢朝我走过来。我的头发都竖起来了。要不是他的一双脚在移动，我真会以为自己大白天遇上了一具僵尸。

（8）要不是明天检查卫生，我们就不打扫这间空屋子了。

从以上例句中可以看出，"要不是 p"的违实性与 p 所处的时段没有关系。此外，我们还不清楚，为什么"要不是 p"中的 p 一定是事实，为什么否定事实就可以得出违实意义。正因如此，我们不赞同蒋严对违实性来源的解释。

虽然汉语中典型的违实条件句是"要不是 p，q"，然而，其相应的肯定形式"要是 p，q"也能表达违实性。"要是 p，q"表述的是言者的认识，具有非现实的特征。违实性是非现实性的一部分，作为非现实性表述的"要是 p，q"也就自然会在某些语境下反映违实性（王晓凌 2009）。我们认为，汉语的违实性并没有显性的语法标记，这一结论也能够从以下对违实条件句"要不是 p，q"的句法语义分析中得出。

第三节 "要不是 p，q"的句法分析

这一节，我们将证明：（i）"要不是 p"在"要不是 p，q"中的句法定位应该是嫁接语；（ii）尽管有否定词"不"，"要不是 p"无

法允准 p 中的否极词。

一 "要不是 p" 的性质：嫁接语

英语的 if 小句是嫁接语 （Iatridou，1991；Haegeman，2003；Bhatt & Pancheva，2005）。与英语一样，我们认为，汉语 "要不是 p" 也是嫁接语。"要不是 p" 的位置灵活，可以被动词如 "相信" 等隔开，例如：

(9) a. 您可以相信，要不是巴加内尔先生粗心大意写错了字，现在这邓肯号已在我指挥之下了。

b. [要不是巴加内尔先生粗心大意写错了字]$_i$，您可以相信，[t_i，现在这邓肯号已在我指挥之卜了]。

"巴加内尔先生粗心大意写错了字" 和 "您可以相信" 之间并没有条件关系，这说明，"您可以相信" 并不是例 (9b) 的主句。

其次，像大部分嫁接语一样，"要不是 p" 也能够被省略。"要不是 p" 省略后，尽管相应的条件意义消失了，主句 q 依然合法[①]。

(10) 要不是看到自己 "血肉模糊" 的车鼻子和不远处满地的碎玻璃，我会以为刚才睡着了做了个噩梦。

省略嫁接语 "要不是 p"，主句 "我以为刚才睡着了做了个噩梦" 依旧是合乎语法的、完整的句子。

在确定了 "要不是 p" 的嫁接语地位后，我们接下来就是要确定它的嫁接位置。Haegeman（2003）认为，状语从句应分为两类：中心状语从句（Central Adverbial Clauses）与边缘状语从句（Peripheral Adverbial Clauses）。中心状语从句的语义功能是构建关联小句所表达的事件，在 CP 域中的作用匮乏，缺少与说话者功能（说话时刻、认

---

① "要不是 p" 省略后，主句 q 中与标句词 "要不是" 语义相关的成分 "就" "会" 等也应省略。例如，"要不是李四来，张三相信，王五就会来"。若不省略 "就" 并将它重读，即 "张三相信，王五就$_F$会来"，句子的意义就变成了 "张三相信，王五马上会来"。该意义与条件句中省略 "要不是 p" 后所留下的主句 q 的意义不同。

识情态、以言行事之力等）相关的功能投射。边缘状语从句在句法上与主句的关系较为松散，能够容忍主句的句法行为①。例如：

（11）　If your back – supporting muscles tire，you will be at increased risk of lower – back pain.

（中心状语 If 小句）

（12）　If we are so short of teachers，why don't we send our children to Germany to be educated？（边缘状语 If 小句）

从句法嫁接的位置上看，中心状语从句应嫁接在 vP 或 IP 上，而边缘状语从句的嫁接位置则应在 CP 上（Haegeman 2002）。那么，汉语"要不是 p"是否能够容忍主句的句法行为呢？

（13）　此女外慈内狠。要不是她向皇上举报，秦可卿未必会死。

（14）　晚霞映红了她的脸庞，她迟疑地说"你要不是结了婚，会爱上我吗？"

例（13）与例（14）分别给出了两种不同的主句句法行为，例（13）为认知情态，例（14）为论元前置。此外，设问句在"要不是 p，q"中也是合法的：

（15）　要不是鬼子汉奸们这么闹，怎么会受这个罪？

因此，我们认为，汉语"要不是 p"应归属边缘状语从句，其嫁接位置也应在 CP 上。

二　否定词"不"的辖域范围

汉语最常用的否定标记是"没"和"不"。"没"是典型事件否定词，否定事件型谓项（eventive predicates）②。"不"否定形容词、静态动词或情态助词（Lin 2003）。例如：

（16）　a. 他没/＊不吃完饭。（状态变化谓词）

---

① 主句句法行为是指一些句法操作，如认知情态、论元前置和反义问句等。

② 汉语谓词"有"是唯一的例外。由于"有"自身的个体性特征，虽然它具备静态特征，仍只能由"没"否定，例如：他没/＊不有钱。

b. 他 ＊没/不漂亮。（形容词）

c. 他 ＊没/不会来。（情态词）

"没""不"和"要是"条件句都能够允准否极词"任何"。例如：

（17）a. 我是个胆小的男生，对郭静除了暗恋，根本就没敢采取过任何行动。

b. 她心里清楚，他们之间不会有任何结果。

c. 要是你有任何问题，可以在课后问我。

"要不是"条件句无法允准否极词①：

（18）a. ＊要不是她们有任何企图，怎么会上我的当呢？

b. 要不是她们没有任何企图，她们就会被这种拙劣的骗术欺骗。

否极词必须在下蕴含（downward entailment，简写为 DE）的情境中才能得到允准（Fauconnier, 1975；Ladusaw, 1980；Progovac, 1993）。我们据此判定，"要是"条件句为下蕴含语境，"要不是"条件句为非下蕴含语境。由于条件句"要不是 p, q"中的前件预设 p 为真，因此，我们可以假设命题 p 隐含唯实算子（factive operator）OP_{fac}，而正是该唯实算子阻碍了条件算子（conditional operator）"要不是"对否极词的允准［如例（18a）］。例（18b）之所有合乎语法，是因为在唯实算子的辖域范围内存在否定算子"没有"，该否定算子使命题 p 转化成为下蕴含语境②。

（19）a. $[_{CP}$要不是$[_{IP}[OP_{fac}$她们$[_{VP}$有任何企图$]]]]$（非下蕴含语境）

b. $[_{CP}$要不是$[_{IP}[OP_{fac}$她们$[_{VP}OP_{neg}$没有任何企图$]]]]$

---

① 例（18b）中的否极词"任何"不是由"要不是"允准，而是句子中的否定标记"没"允准。

② 把"要不是"划为条件算子是语义分类，把它成为标句词是句法分类，两者在树形图上可以重合。OP_{fac}表示唯实算子，OP_{neg}表示否定算子。

（下蕴含语境）

第四节　"要不是 p，q"的语义分析

Nevins（2002）认为，"要不是"与直陈条件不相容，其后所接的命题必须是违实性的命题。另外，"要不是"条件句中前件命题的错误由条件句预设，无法删除，英语中的违实性只是一种会话含义（conversational implicature），可以删除［见例（4）与例（6）］。

预设是一种旧信息，是参与者共有知识背景的一部分（Stalnaker，1973；Kadmon，2002），我们可以用一般问句测试预设：

（20）A：他昨天去学校上课了吗？

B₁：＊要不是他没去学校，辅导员不会打电话给他。

B₂：要是他去了学校，辅导员不会打电话给他。

在例（20）中，用"要不是 p"回答问句是错误的，因为用"要不是 p"回答问句意味着 A 和 B 都知道 p 是正确的，即"他没去学校"。

"要不是 p，q"要求条件句前件 p 为真，后件 q 为假。假设以下情境：王梅这次的英语考试没及格，她妈妈批评了她。假如无论王梅这次考试是否及格，她妈妈都会批评她。那么，例（21a）可以说，而例（21b）不能说。

（21）a. 要是王梅通过了考试，她妈妈还是会批评她。

　　　 b. ＊要不是王梅没通过考试，她妈妈还是会批评她。

若例（21b）中的双重否定"要不是……没"对等于相应的肯定式"要是……"，那么，例（21a）与例（21b）都应合法。然而，语言事实并非如此。我们认为，这是"要不是"特殊的句法及语义特征造成的。

连词"要是"具有假设义，表示可能性（可能性为情态义的一种）。在《现代汉语词典》（2005）中，"要"被分列为动词和连词，占据不同的词条。动词、连词分属不同的句法范畴，在句法上有不同

的表现。我们的问题是，从语义的角度看，"要是"的假设义、可能性源自何处？根据意义组合理论，"要"和"是"的基本义及组合的结构义应对"要是"的假设义负责。

学界一般认为，"要是"由"要＋是"构成，而"要不是"由"要是＋不是"构成（王晓凌，2009）。《现代汉语词典》列出了"要"作动词的 9 个基本意思：①想，希望；②盼望得到或保有；③索取；④要求，请求；⑤需要；⑥应该；⑦将要；⑧表示估计，用于比较；⑨表示做某事的绝学和愿望。"要"作连词有两个意思：①连接分句，表示假设关系，相当于"如果"；②连接分句，表示选择关系，相当于"要么……要么"。

古川裕（2006）认为，"要"可以分为实词和虚词两个大类，连词"要"分属虚词类，是作动词的、实词类的"要"语法化的结果①。我们同意古川裕的看法，认为虽然在句法上分属连词，"要"依然保留有作动词时的情态特征。正因为如此，我们可以把具有情态特征的"要"处理为情态算子（Huang et al，2009），将"是"看作鸠占鹊巢的连词（张和友，邓思颖，2012），否定算子"不"成分统制 CP "是 p"。如例（22）：

(22) [[$_{CP}$要] [$_{CP}$ [$_{NegP}$不 [$_{CP}$是 [$_{IP}$ [OP$_{fac}$她们 [$_{VP}$有什么企图]]]]]]]

Kratzer（1991）认为，具有情态义的条件算子对两个语境依赖成分（context – dependent elements）敏感：情态基（modal base）G 和排

---

① 古川裕（2006）认为，汉语中可以有"真要是"和"要真是"，可以出现"要不是"而不能出现"不要是"。前一组表达处于语法化的中间阶段，语序上有一定的自由度。由于后一组表达的语法化已达到了相当高的程度，因此，在语序上没有前一组自由。例如，

(i) 你的这个朋友要真是有两下子，今天有一场好戏。

(ii) 薛大娘听她嚷"吃鱼"便知她算不上有什么病，因为真要是感冒，头一条就是厌烦荤腥。

(iii) 要不是偶然认识吴琼，我想我的人生就这样暗淡无光。

(iv) *不要是偶然认识吴琼，我想我的人生就这样暗淡无光。

序函数（ordering function）R。情态基决定可及性世界排序的会话背景（conversational background），排序函数 R 依据与评估世界（evaluation world）的相似性程度对可及性世界排序。违实条件句包含一个空的情态基和一个完全真实的排序函数。这两个成分分工合作，使前件 p 为真的所有可能世界都有以下排序：根据与现实世界相似度的大小，相似度越大的可能世界越靠近现实世界，越小的越远离现实世界（Kratzer，1981；余小强，2008）。

采用 Kratzer（1986）对英语条件句的三分法，我们假设"要不是"为条件算子（conditional operator），p 为制约成分（restrictor），q 为核心成分（nucleus），即：

（23）"要不是 p，q"的三分结构图

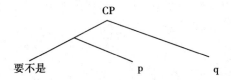

根据对以上"要不是"的句法语义分析，我们可以将"要不是 p"形式化为例（24）①。把连词"要"作为标句词有理论及实践上的可行性（Huang et al.，2009）。张和友和邓思颖（2012）也从多方面论证了"要是"和"要不是"中的"要"和"是"都具有连词的句法功能。因此，我们也将此类结构中的"是"看作复合句的标句词。该假设最大的优越性就在于它能够直观地反映我们的语言直觉。

（24）"要不是 p，q"的树形结构图

根据例（24）的树形图，我们可以将"要不是 p，q"的语义表述为例（25）：

（25）（ [[要]]^{w,g} （G（w）（ [R（w）（¬（ [[op$_{fac}$]] (p))])]）（q））语义可解，

___

① 由于 G 与 R 的相关投射与我们讨论的问题无关，因此，我们用不同的希腊字母代替相关投射。

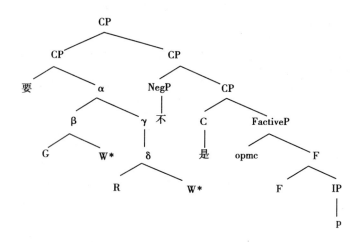

当且仅当 p（w＊） = 1。若上式语义可解，则

（［［要］］^{w，g} （G（w）（［R（w）（¬（［［op_{fac}］］（p））］）］）

（q））

= （［［要］］^{w，g} （G（w）（［R（w）（¬p）］）］）（q））

=1 当且仅当

$\forall w' \in W [w' \in p \wedge \neg z \in W [z \in p \wedge z \leqslant_{g(w)} w']: \neg q(w') = 1$

例（25）语义表达式的含义是，条件句的语义可解当且仅当前件 p 在评估世界中取值为真。条件句的取值为真，当且仅当以下条件成立：在每一个 p 为真的世界 w′ 中，不存在一个世界 z，p 在 z 中为真，且 z 与评估世界的相似度要高于 w′ 与评估世界的相似度，且 q 在 w′ 中取值为假。

第五节　结语

本文以汉语违实条件句"要不是 p，q"为研究对象，讨论了以下三个问题：第一，汉语不同于其他形态丰富的语言，在违实条件句中并不存在显性的违实语法标记；第二，Kratzer（1986）对英语条件句的结构三分法同样适用汉语违实条件句；第三，通过对"要不是

p，q"的句法语义分析，我们认为，"要不是 p"中内含唯实算子，该算子使违实条件句"要不是 p，q"独具特色，使得它在句法和语义上的表现迥异于其他类型的条件句。

参考文献

［1］Anderson，A. Ross. 1951. A Note on Subjunctive and Counterfactual Conditionals［J］. *Analysis* 11（1）：35 – 38.

［2］Bhatt，Rajesh & Roumyana Pancheva，2005. Conditionals［A］. In Martin Everaert & Henk van Riemsdijk（eds.），*The Blackwell Companion to Syntax*［C］，639 – 687. Oxford：Blackwell.

［3］Fauconnier，Giles. 1975. Polarity and the Scale Principle［J］. *Chicago Linguistic Society* II：188 – 199.

［4］von Fintel，Kai. 1998. The Presupposition of Subjunctive Conditionals［A］. In Uli Sauerland and Orin Percus（eds.），*The Interpretive Tract*［C］，29 – 44. MITWPL，Cambridge.

［5］Von Fintel，Kai. 1999. NPI Licensing，Strawson Entailment，and Context Dependency［J］. *Journal of Semantics* 16（2）：97 – 148.

［6］Haegeman，Liliane. 2003. Conditional Clauses：External and Internal Syntax［J］. *Mind and Language* 18（4）：317 – 339.

［7］Huang，James；Audrey Li & Yafei Li. 2009. *The syntax of Chinese*［M］. Cambridge：Cambridge University Press.

［8］Iatridou，Sabine. 1991. *Topics in Conditionals*［D］. PhD Dissertation，Cambridge：MIT.

［9］Iatridou，Sabine. 2000. The Grammatical Ingredients of Counterfactuality［J］. *Linguistic Inquiry* 31（2）：231 – 270.

［10］Ippolito，Michela. 2003. Presuppositions and Implicatures in Counterfactuals［J］. *Natural Language Semantics* 11（2）：145 – 186.

［11］Ippolito，Michela. 2007. On the Meaning of Some Focus – sensitive

Particles [J]. *Natural Language Semantics* 15 (1): 1 – 34.

[12] Kratzer, Angelika. 1981. The Notional Category of Modality [A]. In Eikmeyer H. & H. Rieser (eds.), *Words, Worlds and Context: New Approaches to Word Semantics* [C], 38 – 74. De Gruyter, Berlin.

[13] Kratzer, Angelika. 1986. Conditionals [J]. *Chicago Linguistic Society* 22 (2): 1 – 15.

[14] Kratzer, Angelika. 1991. Modals [A]. In Arnim Stechow & Dieter Wunderlich (eds.), *An International Handbook of Contemporary Research* [C], 639 – 650. De Gruyter, Berlin.

[15] Ladusaw, William. 1980. On the Notion ´Affective´ in the Analysis of Negative Polarity Items [J]. *Journal of Linguistic Research* 1: 1 – 23.

[16] Lewis, David. 1973. *Counterfactuals* [M]. Oxford: Blackwell.

[17] Lewis, David. 1975. Adverbs of Quantification [A]. In Edward Keenan (ed.), *Formal Semantics of Natural Language* [C], 3 – 15. Cambridge: Cambridge University Press.

[18] Lin Jo – wang. 2003. Aspectual Selection and Negation in Mandarin Chinese [J]. *Linguistics* 41 (3): 425 – 459.

[19] Nevins, Andrew. 2002. Counterfactuality without Past Tense [A]. *Proceedings of NELS* 32 [C], 441 – 450. GLSA.

[20] Progovac, Ljiljana. 1993. Negative Polarity: Entailment and Binding [J]. *Linguistics and Philosophy* 16 (2): 149 – 180.

[21] Quirk, Randolph, S. Greenbaum, G. Leech, and J. Svartvik. 1985. *A comprehensive grammar of the English language* [M]. London: Longman.

[22] Stalnaker, Robert. 1975. Indicative Conditionals [J]. *Philosophia* 5: 269 – 286.

[23] Tsang, Chui Lim. 1981. *A semantic study of modal auxiliary verbs in*

Chinese［D］. PhD Dissertation，Stanford University.

［24］ 陈国华：《英汉假设条件句比较》，《外语教学与研究》1988 年第 2 期。

［25］ 陈前瑞：《汉语情貌系统研究》，博士学位论文，华中师范大学，2003 年。

［26］ 古川裕：《关于"要"类词的认知解释—论"要"由动词到连词的语法化途径》，《世界汉语教学》2006 年第 1 期。

［27］ 蒋严：《汉语条件句的违实解释》，载中国语文杂志社编《语法研究和探索》（十），商务印书馆 2000 年版。

［28］ 李敏：《现代汉语非现实范畴的句法实现》，博士学位论文，华东师范大学，2006 年。

［29］ 王晓凌：《"会"与非现实性》，《语言教学与研究》2007 年第 1 期。

［30］ 王晓凌：《非现实语义研究》，学林出版社 2009 年版。

［31］ 余小强：《将来时间焦点违实条件句的违实解释》，《现代外语》2008 年第 3 期。

［32］ 中国社会科学院语言研究所词典编辑室：《现代汉语词典》，商务印书馆 2005 年版。

［33］ 张和友、邓思颖：《词法性还是句法性：论"X 是"的接口特征》，《世界汉语教学》2012 年第 3 期。